남명 선생의 발자취를 따라

덕산구곡

남명선비문화총서 02

남명 선생의 발자취를 따라

덕산구곡 德山九曲

2024년 10월 15일 초판 1쇄 펴냄

엮은이 한국선비문화연구원·(사)남명학연구원
펴낸이 김흥국
펴낸곳 보고사

책임편집 황효은
표지디자인 김규범

등록 1990년 12월 13일 제6-0429호
주소 경기도 파주시 회동길 337-15 보고사
전화 031-955-9797 팩스 02-922-6990
메일 bogosabooks@naver.com
http://www.bogosabooks.co.kr

ISBN 979-11-6587-758-3 94910
    979-11-6587-756-9 (세트)
ⓒ한국선비문화연구원·(사)남명학연구원, 2024

정가 18,000원

남명 선생의 발자취를 따라

덕산구곡

德山九曲

한국선비문화연구원·(사)남명학연구원 엮음

발간사

오늘날 한국 사회에서 무엇보다 절실히 필 요한 것이 선비정신이다. 이는 앞날을 걱정하 는 원로들의 한결같은 말씀이다. 그것은 전통 적 가치를 회복하자는 차원을 넘어 우리 사회 의 미래가 심히 걱정되기 때문이다. 선비란 어 떤 사람인가? 사화가 극심하던 16세기, 지조  와 절개를 지키며 나라를 걱정하고 백성을 사랑한 지성인을 가리킨 다. 조선 선비는 마음을 성찰하고 사욕을 극복하여 하늘을 우러러 한 점 부끄러움이 없는 사람이 되고자 하였다. 이런 선비들이 사는 세상이 문화강국이다.

유교는 수기치인修己治人의 가르침이라 말한다. 그런데 공자는 한 걸음 더 나아가 '자신을 수양하고서 남을 편안히 해주는 사람(修 己安人)'을 군자君子라고 하였다. 군자는 사적인 이익보다 공적인 이 로움을 우선시하며 의리를 먼저 생각하는 사람으로, 조선 선비들이 지향하던 인간형이다.

16세기 남명 조식 선생은 사화기에 벼슬에 나가는 것을 단념하 고 도를 구해 기강을 부지하려고 공자의 제자 안회顔回처럼 극기복례를 실천하였다. 수신 공부가 잘되지 않자, 경의검을 차고 다니며 사욕을 베어냈고, 성성자를 차고 다니며 정신을 또렷이 하였다. 그것도 모자라 공자·주자의 초상화를 그려 세워두고서 스승이 옆에 계신 것처럼 엄숙히 하였다. 선생은 수신을 통해 덕성을 드높이면서 권력자와 당당히 맞섰고, 임금에게도 '임금은 의로워야 합니다', '마음을 바르게 하고 수신하세요'라고 아뢰었다. 이것이 선비정신이다.

세상이 어지럽고 도가 무너지던 시대의 학자들은 선생을 모신 덕천서원에 찾아와 절을 올리고 시대를 바로 세울 방안을 물었다. 서원이 훼철된 뒤에는 산천재를 선생의 도가 보존된 곳으로 여겼다. 그 산천재 옆에 설립된 한국선비문화연구원은 시대적 소명을 저버리지 않기 위해 남명선비문화총서를 지속적으로 간행할 예정이다. 다시 이 땅에 선비문화가 찬란히 꽃피울 날을 간절히 염원한다.

한국선비문화연구원 원장
최구식 씀

책을 내면서

이 책은 '남명선비문화총서'의 두 번째 교양서로 필자가 2016년에 발표한 「덕산구곡 설정의 필요성과 의의」를 수정 보완하고, 공동연구원이 가독성을 살려 윤문하고, 또 관련 내용을 쉽게 이해할수 있도록 현장 사진 및 그림을 추가하여 만들었다. 그림을 흔쾌히수록하게 해주신 현석玄石 이호신 화백과 사진을 제공해 주신 유병철 사장께 감사드린다.

필자가 2016년 덕산구곡을 설정하게 된 것은 두 가지 역사적 사실을 발견하고, 지금이라도 덕산구곡을 설정하고 덕산구곡시를 지어 널리 알려야겠다는 마음이 간절했기 때문이다. 두 가지 역사적사실은 다음과 같다.

하나는 필자가 우리나라 구곡문화를 조사하다가, 퇴계 이황의발자취를 따라 도산구곡을 설정한 것과 회재 이언적의 발자취를따라 옥산구곡을 설정한 것이 1823년에 있었다는 사실을 알게 된것이다. 도산구곡은 퇴계가 설정한 것이 아니고, 옥산구곡도 회재가 설정한 것이 아니다. 퇴계 사후 253년 뒤에 퇴계의 후손 이야순李野淳이 도산구곡을 설정하고 도산구곡시를 창작하여 주위 사람들에게 차운시를 청하였고, 그것이 지역 유림의 지지를 받으면서 공론화되어 도산구곡으로 자리 잡았다. 옥산구곡은 회재 사후 270년 뒤에 이야순이 경주 옥산서원을 방문하여 회재의 후손들에게 '선현의 유적에는 구곡이 있어야 한다'고 제안하여 1823년 함께 설정한 것이다.

다른 하나는 1823년 하범운河範運이 도산구곡시와 옥산구곡시에 차운하면서 덕산구곡시를 지어 '삼산구곡시'라고 명명하였다는 것이다. 남명학파가 계해정변(인조반정) 이후 구심점을 잃고 와해된 뒤 정치적으로 남인 또는 서인의 당색을 갖게 되었는데, 남인화 된 집안의 후예들은 퇴계의 학맥을 이은 학자에게 나아가 배웠다. 그러나 이들은 남명학을 계승하면서 퇴계학을 아울러 수용하는 성향을 지녔다. 그 가운데 18세기 의령의 안덕문安德文은 이언적을 모신 옥산서원, 이황은 모신 도산서원, 조식을 모신 덕산서원을 '영남의 삼산서원'이라고 칭하면서, 이 세 선생의 학문을 통섭적으로 수용하려는 자세를 취하였다. 그리고 19세기 진주의 하범운은 이야순으로부터 도산구곡시와 옥산구곡시에 차운시를 지어 보내라는 청을 받고, 차운시를 짓는 한편 덕산구곡시를 지어 '삼산구곡시'라 명명하여 이야순에게 보냈다.

이러한 두 가지 역사적 사실을 바탕으로 하면, 덕산구곡은 도산구곡·옥산구곡과 동시대에 설정의 필요성이 제기된 것이다. 다만 하범운은 당시 젊은 나이로 덕산구곡을 설정할 만한 위치에 있지 않았고, 또 시간적 여유도 없었기 때문에 정식鄭栻이 지은 무이구곡시를 차용하여 남명정신을 투영하는 데서 그쳤다. 요컨대 하범운은 덕산에 있는 남명의 유적지에 구곡을 설정하지 못하고 임시방편으로 덕산구곡시를 지어 보냈다. 필자는 이를 안타깝게 여겨 200년 가까운 세월이 지났지만, 지금이라도 명실상부한 덕산구곡을 설정하는 것이 필요하다고 생각하여 2016년 남명 선생의 유적지를 중심으로 덕산구곡을 설정하고 덕산구곡시를 지었다.

필자가 덕산구곡을 설정하고 논문을 발표하여 그 필요성과 의의를 논의하였으나, 아직 대중에게 널리 알려지지 않았다. 이 사실을 아는 사람이 많지 않으며, 경상우도의 유림도 잘 모르고 있다. 덕산구곡의 명승에 남명과 관련된 역사적 사실을 알리기 위해서는 대중적으로 널리 읽힐 수 있는 교양서가 필요하므로 이 책을 서둘러 집필하게 되었다. 아무쪼록 산청군과 이 지역 유림은 힘을 모아 구곡의 명승지에 안내표지판을 세우고 유람객이 찾아와 남명정신을 느낄 수 있도록 편의시설을 갖추는 일에 앞장서 주시길 부탁드린다.

이 사업을 추진하면서 본 연구원의 예산 부족으로 (사)남명학연구원의 학술행사 지원을 받아 두 기관 공동으로 이 책을 간행하게 되었다. 이 자리를 빌려 (사)남명학연구원 관계자 여러분께 감사의 말씀을 드린다. 또한 어려운 출판 환경 속에서도 이 책을 흔쾌히 출판해 주신 보고사 김흥국 사장 및 관계자 여러분께도 감사의 말씀을 전한다.

2024년 9월 1일
한국선비문화연구원 부원장 최석기 씀

차례

德山九曲
第一曲
陶山臺曲
元木

제1부

동아시아 산수인식의
전통과 구곡문화

01
동아시아 산수인식의 전통

공맹孔孟의 산수인식과 천인합일 지향

공자孔子는 "지혜로운 자는 물을 좋아하고, 어진 자는 산을 좋아한다. 지혜로운 자는 동적이고, 어진 자는 정적이다. 지혜로운 자는 즐거워하고, 어진 자는 제자리를 오래 지킨다."[1]라고 하였다. 산수山水는 우리가 매일 대하는 자연인데, 공자는 그런 산수를 무심히 보지 않고 산과 물의 덕을 읽어내어 인간의 보편적 가치인 인仁과 지智에 비유하였다. 그리고 이런 가치야말로 인간의 삶을 오래도록 지속하고 즐겁게 만들 수 있는 가장 소중한 것이라 여겼다. 참으로 성인만이 할 수 있는 위대한 생각이다.

공자가 이런 말을 한 뒤 산수는 단순한 자연이 아니라, 우리의 인성을 비추어 보는 거울이 되었다. 특히 송나라 때 성리학性理學이 발달하면서 요산요수樂山樂水는 산수를 통해 인·지를 성찰하고 체득하는 의미로 받아들여졌다. 조선 시대 도학자들도 산수를 자신의 본성을 체득하는 장소로 여겨, 산수 유람을 '인지지락仁智之樂'이라 하였다. 즉 산수를 구경하는 것은 아름다운 경관을 보는 데서 그치지 않고, 내 마음속에 내재한 인·지를 체득하는 즐거움으로 인식한 것이다. 이쯤 되면 산수는 자신의 본성을 늘 일깨워 주는 스승과 다름없게 된다.

공자의 영향을 받은 제자 증점曾點은 자신의 포부를 묻는 스승에게 "저는 늦은 봄날 봄옷이 완성되면, 관을 쓴 어른 5~6인 및 아동 6~7인과 함께 기수沂水에 가서 목욕하고, 무우舞雩에 가서 바람 쐬고, 시를 읊조리며 돌아오고자 합니다."라고 하였고, 공자는 그런 증점의 포부를 기특하게 여겼다.[2] 증점의 의도는 남들처럼 벼슬살이하기보다는 산수 속에서 자연과 하나가 되는 삶을 지향하고 싶다는 것이다. 이러한 증점의 가치관을 조선 시대 학자들은 '산수에서 자연의 이치에 순응하며 사는 지향'으로 인식하여 '풍영지취風詠之趣'라 하였다.

공자는 또 시냇가에서 흘러가는 물을 보고 "흘러가는 것은 이와 같구나. 밤낮으로 쉬지 않고 흐르는구나."라고 하였다.[3] 이 말은 매우 평범하지만, 자연의 이치를 꿰뚫어 본 것이다. 맹자孟子는 이 문구를 해석하면서 "근원이 있는 샘물은 끊임없이 흘러나와 밤낮으로 쉬지 않고 흘러서 웅덩이를 채운 뒤에 흘러 바다에까지 이르니, 근본이 있는 것은 이와 같다. 공자께서는 바로 이 점을 취하신 것이다."라고 풀이하였다.[4]

이러한 맹자의 해석에 따르면, 공자가 물을 보고 탄식한 것은 눈에 보이는 '냇물'을 통해 그 '근원'을 생각했기 때문이다. 그것은 바

'서자여사' 각자(중국 복건성 무이구곡)

로 공자가 산에서 인仁을, 물에서 지智를 읽어낸 사유와 다르지 않다. 그러니까 물을 보고 물의 근원을 생각하듯, 내 마음에서 일어나는 희로애락의 감정을 살펴서 본성을 돌아보는 것이다.

그래서 맹자는 "물을 보는 데에는 방법이 있으니, 반드시 그 물결을 보아야 한다."⁵라고 하였다. 송나라 때 주자朱子(주희)는 이 문구에 대해 "물결이 이는 여울을 보면, 그 근원에 근본이 있는 것을 알 수 있다."⁶라고 하였다. 사람이 눈으로 보는 물결은 '현상'이고 '작용'이다. 현상을 통해 그 근원인 '원두처源頭處'를 인식하고, 작용을 통해 '본체'를 꿰뚫어 보는 것이 바로 맹자가 말한 '물을 보는 방법'이다.

원학동 관수루

원학동 요수정

이러한 사유는 대상을 접하여 일어나는 희로애락의 감정에 이끌리지 말고 늘 나의 근원인 본성을 인지하여 그와 하나가 되라는 말이다. 이는 곧 사람이 자연과 하나가 되는 천인합일天人合一을 가리킨다. 천인합일은 인간의 욕망을 좇지 않고 자연의 이치에 순응하여 하나가 되는 것을 말한다.

주자의 산림은거와 천리체득

송나라 때 주자는 공자·맹자의 산수인식을 계승하여 산수를 통해 자연의 이치를 관찰하고자 하였고, 산림에 은거하며 천인합일을 지향하였다. 주자는 41세 이후 산림에 정사精舍(공부방)를 짓고 산수에 은거하는 삶을 택하였는데, 무이정사武夷精舍 마루의 이름을 인지당仁智堂이라 하고, 서재의 이름을 은구재隱求齋라 하였다.

중국 복건성
무이서원(무이정사)

주자는 인욕人欲(인간의 욕망)을 제거하고 천리天理(자연의 이치)를 마음속에 보전하기 위해 항상 나의 본원을 잊지 않으려고 노력하였다. 그는 「관서유감觀書有感」이라는 시에서 다음과 같이 노래했다.

반 이랑 네모난 못에 거울 하나 만들었는데,	半畝方塘一鑑開
그 속에 천광과 운영이 함께 배회하는구나.	天光雲影共徘徊
네게 묻노니 "어찌하여 그처럼 맑단 말인가?"	問渠那得清如許
"원두에서 활수가 흘러내림이 있기 때문이오."7	爲有源頭活水來

이 시는 천광天光(파란 하늘)·운영雲影(하얀 구름)을 수시로 관찰하면서 늘 천리가 유행하고 있다는 사실을 인지하여 근본을 잊지 않으려 하는 마음을 노래한 것이다. 천광·운영을 늘 관찰하기 위해서는 원두에서 활수가 흘러내려 못의 물이 늘 맑아야 하듯이, 본성에 합하는 마음을 유지하기 위해서는 근원에 대한 인식이 항상 있어야 한다는 말이다. '근원에 대한 인식'은 '나'라는 '존재의 근원'을 돌아보는 것으로, '나'라고 하는 생명체의 지각과 인식에 연연하지 않고 그 근원을 돌아보는 것이다.

주자는 무이산武夷山(중국 복건성)에 은거할 적에 「무이정사잡영武夷精舍雜詠」 12수, 「무이도가武夷櫂歌」 10수 등 수십 편의 시를 지었는데, 「무이정사잡영」은 무이정사 주변의 풍물을 읊은 것이다. 그 중에 무이정사 인지당仁智堂을 노래한 시는 다음과 같다.

천광운영

도산서원 천광운영대

나는 인·지의 마음을 부끄러워했는데,	我慙仁知心
우연히 절로 산수를 사랑하게 되었네.	偶自愛山水
푸른 절벽 예나 지금이나 변함이 없고,	蒼崖無古今
푸른 시내는 날마다 천리를 흘러가네.[8]	碧澗日千里

이 시를 보면, 앞의 2구에서는 공자가 말한 요산요수의 인지지락仁智之樂을 추구하고자 하는 마음을 읽을 수 있으며, 뒤의 2구에서는 산수 속에 깃들어 있는 천리를 체득하고자 하는 정신을 읽을 수 있다. '푸른 절벽'은 늘 변함없는 산山이고, '푸른 시내'는 근원에서 나와 흘러가는 눈에 보이는 물(水)이다. 그 산수를 보면서 마음속의 인仁·지智를 돌아보는 것이다.

주자는 이어서 무이정사 은구재를 다음과 같이 노래했다.

새벽 창가에는 숲 그림자가 보이고,	晨窓林影開
밤중 머리맡엔 산속 샘물 소리 들리네.	夜枕山泉響
은거하러 왔으니 다시 무엇을 구할까,	隱去復何求
말 없는 가운데 구도심이 장구하네.[9]	無言道心長

주자가 산림에 은거한 것은 도를 구하기 위함이고, 그것은 천리를 체득하여 나의 본성을 계발하는 것이다. 눈에 보이는 것, 밤중에 귀에 들리는 것은 감각기관을 통해 인식하는 것이다. 눈으로 숲의 그림자를 보고 귀로 샘물 소리를 들으면서 그 근원을 생각하면 늘

변하지 않고 그 자리에 있는 산의 덕과 부단히 쉬지 않고 흘러가는 물의 덕이 떠오른다. 눈으로 보고 귀로 듣는 작용의 근원에 이르면 산과 물의 덕을 알 수 있듯이, 내 마음이 드러난 감정과 지각의 근원을 궁구해보면 내 본성의 인·지를 발견할 수 있다. 주자는 숲의 그림자를 보고 샘물 소리를 들으며 인·지를 구하겠다는 의지를 드러낸 것이다.

이러한 구도심은 「무이도가」 제5곡을 노래한 시에 "어여라, 노래 속에 만고로 치닫는 마음.(欸乃聲中萬古心)"으로 표현되어 나타난다. 이 '만고로 치닫는 마음'은 만고 성인의 경지에 이르고자 하는 마음이다. 이처럼 주자가 추구하는 도는 '성인의 마음과 하나가 되는 것'인데, 그런 마음을 「재거감흥이십수齋居感興二十首」 중 제10수에서 다음과 같이 노래했다.

공손히 천 년 전의 성인들 마음 생각하니,	恭惟千載心
밝은 가을 달이 차가운 물에 비친 것 같네.	秋月照寒水
노나라 선생, 어찌 일정한 스승이 있었던가,	魯叟何常師
산삭하고 기술하여 성인들 자취를 보존하셨네.[10]	刪述存聖軌

이 시의 '추월秋月'은 '밝음(明)'을 상징하고, '한수寒水'는 '맑음(清)'을 상징한다. 즉 '마음이 그처럼 밝고 맑다'는 뜻이니, 본원을 회복한 성인의 마음이다. 이를 달리 말하면 극기복례克己復禮하여 인욕을 말끔히 제거하고 그 처음을 회복한 상태이다. 유학에서는

퇴계종택 추월한수정

퇴계종택 추월한수정 현판

'그 처음으로 돌아가는 것(復其初)'을 중시한다. '처음'은 근본을 의
미한다.

　주자는 이런 사상을 담아 「무이도가」를 창작했다. 주자학이 지
배 이념으로 정착한 원나라 때 이후, 주자가 경영한 무이구곡과 주
자가 지은 「무이도가」는 주자학의 원류로 인식되었다. 이로부터
구곡문화가 발달하기 시작하여 중국은 물론 우리나라까지 확산하
였다. 그런데 구곡문화가 중국에서는 크게 발전하지 못하였지만,
조선에서는 주자학이 개화한 17세기 이후 산림에 은거한 학자들이
구곡을 경영하고 구곡시를 창작하여 구곡문화가 성대하게 발전하
였다. 그리하여 1백여 개도 넘는 구곡이 경영되었고, 「무이도가」에
차운한 시도 1백여 편이 넘게 창작되었다.

02
조선 시대 구곡문화

조선 선비의 산림은거와 천인합일 지향

조선 시대 선비들은 공자로부터 주자로 이어지는 산수인식의 전통을 계승하여 산림에 은거하여 타고난 본성을 온전히 하는 천인합일을 지향하였다. 특히 16세기 사화기의 선비들은 출사를 꺼리고 초야에서 심신을 수양하며 실질적인 학문에 전념하였다. 그 대표적인 인물이 명종 때 유일로 천거된 성수침成守琛·이항李恒·성운成運·조식曺植·조욱趙昱·김범金範 등이다. 이후 사화와 당쟁을 통해 초야에 은거한 처사들에게서 이런 문화가 급속히 확산하였다.

또 과거 시험을 통해 벼슬길에 나갔던 인물 중에서도 벼슬을 버리고 낙향하는 사람이 늘어났다. 이들은 주자의 정신을 계승하여 산림에 정사를 짓고 은거하여 장수藏修하는 삶을 선호하였다. '장수'는 『예기』에 나오는 말로, '도를 구하겠다는 큰 뜻을 품고(藏) 은거하여 자신을 수양(修)한다'는 뜻이다.

퇴계退溪 이황李滉이 도산서당 다락의 이름을 '암서헌巖棲軒'이라 붙인 데에서 그런 마음이 단적으로 드러난다. '암서헌'이라는 명칭은 주자의 「운곡이십육영雲谷二十六詠」 중 아래의 「회암晦庵」이라는 시에서 취한 것이다.

생각나는구나, 그 옛날 스승 병산옹께서,　　　　　憶昔屛山翁

나에게 일러주신 한마디 그 참된 가르침.　　　　　示我一言教

오래도록 그 가르침 자신할 수 없었는데,　　　　　自信久未能

이제야 산림에 은거해 작은 효험 바라네.[11]　　　　巖棲冀微效

'병산옹屛山翁'은 주자의 스승 유자휘劉子翬를 가리킨다. 그는 주자에게 '원회元晦'라는 자字를 지어주었는데, 그 자사字詞에 "나무는 뿌리에 정기를 간직해야 봄날 화창하게 피어나고, 사람은 몸에 덕을 쌓아야 정신이 내면에서 충만해진다.(木晦於根 春容曄敷 人晦於身 神明內腴)"라고 하였다. 즉 내면에 덕을 충만히 쌓아야 빛을 드러낼 수 있다는 말이다. 주자의 이름이 '희熹'이기 때문에 그 빛을 드러내기 위해서는 내면에 큰 덕을 축적해야 한다는 뜻으로 '원회'라는 자를 지어준 것이다.

　주자는 이런 스승의 가르침을 한동안 실천하지 못했다. 그러다 40세가 넘어서야 그 가르침을 따르고자 하는 생각이 절실하여, '회암晦庵'이라는 서재를 짓고 은거하며 위와 같이 노래한 것이다. 이것이 주자가 산림에 은거하여 구도적 의미를 품고 수양하고자 한 지향이다. 퇴계는 주자의 그런 지향을 그대로 따르고자 하여, 도산

도산서당 암서헌

서당 다락의 이름을 '암서헌'이라고 붙인 것이다. 이것이 퇴계가 도산서당을 지을 당시의 마음이다.

16세기 선비들은 사화를 경험하면서 '벼슬길에 나아갈 것인가(出), 나아가지 않고 초야에 은거할 것인가(處)?' 하는 출처의 문제를 심각하게 고심하였다. 그 대표적인 인물이 남명南冥 조식曺植이다. 남명은 젊어서 과거 공부를 하다가 『성리대전』을 읽게 되었는데, 원나라 때 학자 허형許衡이 "대장부는 이윤伊尹의 지향에 뜻을 두던가, 안회顔回의 학문을 배워야 한다."라고 한 말을 보고서, 크게 느낀 바가 있었다. 그래서 그는 이윤처럼 세상에 나아가 세상을 이롭게 하는 정치인의 꿈을 접고, 공자의 제자 안회처럼 학문에 매진하여 도덕을 추구하는 길을 선택했다.

남명은 공자를 배우며 안회처럼 살고자 하는 지향을 한 뒤, 산수 속에 은거하여 주자처럼 도를 구하려고 하였다. 그는 "내 어찌 산을 탐하고 물을 탐하여 지리산 왕래하기를 번거로워하지 않은 것이겠는가. 평생 의도한 계획이 있었으니, 오직 화산華山[12] 한 귀퉁이를 얻어 종신토록 살 곳으로 삼으려 했기 때문이다."[13]라고 하였다. 그가 '평생 의도한 계획'은 바로 산림에 은거하는 것이었고, 그것은 곧 도를 구하는 것이었다. 그는 기묘사화 이후 계속되는 사화를 경험하면서 깊은 산속에 은거하여 도를 구할 각오를 수없이 다짐하였는데, 만년에는 지리산 천왕봉 밑 덕산 산천재山天齋에서 날마다 자신의 덕을 새롭게 변화시키고자 지향하며 구도심을 놓지 않았다.

남명은 덕산으로 거처를 옮기면서 「덕산복거德山卜居」라는 시를 지었는데, 그 시에 "봄 산 어느 곳엔들 향기로운 풀이 없겠는가마는, 내가 이곳으로 옮겨온 것은 천왕봉이 상제가 사는 하늘에 가까운 것을 사랑하기 때문일세."[14]라고 하였다. 이를 보면 남명은 천왕봉을 도반으로 삼아 천도天道와 하나가 되는 천인합일을 추구한 것을 알 수 있다. 이것이 바로 주자처럼 구도적 지향을 한 것이다.

이처럼 조선 중기 이후 도학자들은 산수에 묻혀 천리를 관찰하며 타고난 본성을 온전히 하는 삶을 지향하였다. 경상도 안의현 원학동에 은거한 임훈林薰은 산수를 대하는 마음을 다음과 같이 언급하였다.

산천재 주련(「덕산복거」)

산수는 이 세상 하나의 무정물無情物이지만, 산에는 두텁고 무거워 변치 않는 덕이 있고, 물에는 쉬지 않고 흘러가는 덕이 있으니, 실로 사람의 인지지락仁智之樂에 근본이 되는 점이 있다. 그러므로 도를 구하는 세상 사람들은 요·순과 공자에게서 도를 구할 뿐만 아니라, 산수에 나가서 도를 구하지 않은 적이 없다.[15]

임훈은 '책 속에서만 도를 구하지 말고, 산수에 나아가 도를 구해야 한다'는 점을 말하였으니, 공자처럼 산과 물을 보면서 그 도를 체득하는 것을 중시한 것이다. 산을 보고서 늘 변치 않는 인仁을 체득하고, 물을 보면서 쉬지 않고 흘러가는 지智를 체득하니, 산수를 통해 천리를 체득하는 실질적 공부의 필요성을 말한 것이다. 이처럼 조선 중기 이후 도학자들에게 산수는 그냥 자연의 산과 물이 아니고, 내 본성의 인·지를 돌이켜보는 더없이 좋은 대상이면서 도반이었다.

이이李珥도 홍인우洪仁祐가 금강산 및 관동지방을 유람하고 쓴 「관동록關東錄」을 보고서 '산수 유람의 본질이 인·지를 체득하는 데 있다'는 점을 언급하였으며[16], 「우음偶吟」이라는 시에서 "산수의 흥취를 찾아서가 아니라, 나의 참된 본원을 온전히 하려는 것. 사물과 내가 하나의 본체로 합하면, 누가 주인이 되고 누가 객이 되리."[17]라고 하여 '산수를 찾는 것은 자신의 참된 본원을 찾는 것'이라고 의미를 부여하였다.

이를 통해 보면, 조선 시대 선비들은 산수에서 인·지를 체득하는 것을 학문의 근본으로 인식하였음을 알 수 있다. 그런데 조선 선비들은 산수뿐만 아니라, 일상의 자연을 대하면서도 천리가 유행하고 있음을 늘 인지하려 하였다. 그 대표적인 인식이 『중용』의 '연비어약鳶飛魚躍'을 통해 천리를 살피고서 주자의 「관서유감」이라는 시에 보이는 '천광운영天光雲影'을 통해 천리를 살피는 것이다.

『중용』 제12장(費隱章)에 "『시경』에 '솔개는 날아서 허공에 떠 있고, 물고기는 연못에서 뛰노네'라고 하였는데, 이는 상·하에 천리가 드러난 것을 말한 것이다.(詩云 鳶飛戾天 魚躍于淵 言其上下察也)"라고 하였다. '솔개가 허공에 떠 있고, 물고기가 연못에서 뛰노는 것', 즉 자연의 현상을 보면서 천리를 일상에서 인식하고 체득해야 함을 말

소수서원 연비어약(소수서원 소장)

한 것이다.

　군자의 도는 작용의 측면인 비費만 있는 것이 아니고, 본체의 측면인 은隱도 있다. 『중용』 제12장은 바로 이런 점을 말한 것으로, '군자는 작용이나 현상만 보지 말고 그것을 통해 그 이면의 본체까지 보아야 한다'는 점을 말한 것이다. 이것이 현상이나 작용을 통해 근원이나 본체를 생각해야 한다는 사유이다.

　도산서당에서 정면으로 들판을 바라볼 때, 왼쪽 못 위에 천연대天淵臺가 있고, 오른쪽 언덕에 천광운영대天光雲影臺가 있다. 천연대는 바로 '연비려천 어약우연鳶飛戾天 魚躍于淵'에서 취한 것으로, 허공에 떠 있는 솔개와 못에서 뛰노는 물고기를 통해 천리를 살피고자 하는 사유를 드러낸 것이다. 퇴계는 「천연대天淵臺」라는 시에서 다음과 같이 노래했다.

솔개 날고 물고기 뛰노는 것 누가 그렇게 시켰는가, 縱翼揚鱗孰使然

천지에 활발히 유행하는 이치 하늘과 못에 묘하구나. 流行活潑妙天淵

강가 언덕에서 온종일 마음의 눈을 열어놓고 보며,   江臺盡日開心眼

명성을 말한『중용』한 편 두서너 번 외워보네.[18]   三復明誠一巨編

퇴계는 바위 언덕의 이름을 '천연대'라 하고, 그 언덕에서 하루 종일 심안心眼을 열어놓고 유행하는 천리를 관찰하면서 '명선明善을 말미암아 성신誠身하는(自明而誠)' 내용의『중용』을 읊 조리고 있었으니, 곧 천인합일을 지향하는 공부를 노 래한 것이다.

도산서당 천연대

또 주자의 「관서유감觀書有感」이라는 시에 보이는 '천광운영天光雲影'도 천리를 관찰하는 대상물이다. 집 근처에 연못을 파놓고 그 못에 비친 파란 하늘과 하얀 구름을 보면서 천리가 유행하고 있음을 한시도 잊지 않으려 한 것이다. 이는 나의 본성을 한순간도 잊어버리지 않으려는 정신을 반영한 것이니, 천리와 하나가 되는 삶을 일상에서 추구하고자 한 것이다.

퇴계는 이런 주자의 정신을 이어받아 도산서당 오른쪽 언덕을 '천광운영대天光雲影臺'라 명명하고서, 다음과 같이 노래하였다.

근원에서 활수 흘러내려 천광·운영이 못에 비치니,　活水天雲鑑影光

책을 보다가 깊은 깨달음이 네모난 못에 있었다네.　觀書深喻在方塘

내 이제 맑은 연못가에서 그 뜻을 터득하였으니,　我今得在淸潭上

주자께서 당시에 길이 감탄하신 것과 흡사하구나.[19]　恰似當年感歎長

이 시는 주자의 「관서유감」에 보이는 '천광운영'을 취해 노래한 것인데, 파란 하늘과 하얀 구름처럼 눈으로 쉽게 볼 수 있는 현상을 통해 도체道體를 인식하여 한순간도 그것을 잊지 않고자 하는 사유를 드러내었다. 이것이 퇴계의 정신 지향이었다.

인도人道를 닦아 천도天道와 하나가 되고자 하는 것이 『중용』의 요지인데, 남명은 이런 중용의 도를 평생 추구하고자 하였다. 그가 61세 때 덕산으로 이주를 한 것도 하늘과 하나가 되고자 한 것이었으니, 곧 천인합일을 추구한 것이다. 그래서 그는 『주역』「대축괘大

畜卦」의 뜻을 취해 산천재山天齋라 이름을 붙이고, 날마다 자신의 덕을 새롭게 변화시키고자 하였다.

남명은 1568년 선조에게 올린 「무진봉사戊辰封事」에서 『중용』의 요지인 명선明善과 성신誠身을 바탕으로 "이른바 명선이란 궁리窮理를 말하는 것이고, 성신이란 수신修身을 말하는 것입니다. 본성에는 온갖 이치가 갖추어져 있는데 인의예지가 그 본체로 모든 선이 이로부터 나옵니다. 심心은 이치(理)가 모이는 주체이고, 신身은 이 심을 담는 그릇입니다. 궁리는 실용에 이바지하기 위해서이고, 수신은 도를 행하기 위해서입니다."[20]라고 하였다. 이를 두고 보면 남명 사상의 핵심이 『중용』에 있고, 남명이 평생 중용의 도를 추구한 것을 알 수 있다. 그래서 문인 정인홍鄭仁弘은 이런 스승을 '중용의 도에 의거한 군자'로 평하였다.[21]

구곡문화의 전개

16세기 조선 선비들은 주자의 「무이도가武夷櫂歌」에 차운하는 시를 많이 남겼다. 성리학과 주자학에 대한 이해가 깊어지면서 유행처럼 번진 것이다. 또 주자가 은거한 무이구곡을 그린 「무이구곡도武夷九曲圖」가 우리나라에 전파되면서 무이구곡에 대한 관심이 크게 증폭되었다.

퇴계는 1564년 문인 이담李湛이 보내온 「무이구곡도」를 보고 발문을 지었는데, "귓전에 뱃노래가 들리는 것 같다."고 하였으니, 주

무이구곡계

강세황의 무이구곡도(국립중앙박물관 소장)

자를 흠모하는 마음을 드러낸 것이다. 그리고 주자가 살던 시대에 태어나 무이정사 인지당仁智堂에서 주자를 모시고 날마다 도를 강론하고, 주자의 문인들과 은구재隱求齋·관선재觀善齋에서 생활하지 못한 것을 못내 한스럽게 생각하였다.[22] 정구鄭逑도 「무이구곡도」를 가지고 있었으며, 『무이지武夷志』에 실린 「무이산총도武夷山總圖」 및 「무이서원도」를 모사해 놓고서 완상하였으니[23], 주자를 스승처럼 받들었음을 알 수 있다.

이처럼 16세기 후반 학자들이 「무이도가」에 차운하고 「무이구곡도」에 관심을 기울이기 시작하였는데, 주자를 존모하는 마음으로 무이구곡과 무이정사를 상상하고 동경하는 것이 주류를 이루었다. 그런데 17세기 이후로는 무이구곡을 상상하고 동경하는 데서 그치지 않고 자신들이 머무는 공간에 직접 그와 같은 구곡을 경영하고자 하였다. 특히 서인계 학자들은 '선현의 거처에 구곡이 없을 수 없다'는 명분을 내세우며 거주지 인근에 구곡을 경영하였다. 그리하여 이이李珥의 고산구곡高山九曲, 송시열宋時烈의 화양구곡華陽九曲, 권상하權尙夏의 황강구곡黃江九曲으로 이어지는 계보를 형성했다.[24] 이 시기 서인계의 학풍은 주자학을 절대적으로 존신하는 쪽으로 경도되어 갔는데, 주자학의 정신세계를 자신들의 생활 공간 속에 직접 건설하고자 하였다.

17세기 후반에 이르면 기호지방 학자들뿐만 아니라, 영남지방의 학자들도 독자적으로 자신이 살고 있는 곳에 구곡을 경영하였다. 그것은 정구·성여신成汝信·이중경李重慶이 경영한 구곡을 통해

화양구곡 제2곡 운영담

알 수 있다. 이들은 서인계 학자들처럼 도통론적 시각을 전제하지 않고 자신들의 구곡을 경영하여 산림에 은거해 본성을 온전히 하는 삶을 지향하였다.

18세기 이후로는 학파를 불문하고 자신들이 생활하는 공간에 구곡을 경영하여, 이전보다 훨씬 더 많은 구곡이 만들어졌다. 독자적으로 구곡을 경영하는 풍조가 널리 유행하면서 퇴계의 후손 이이순李頤淳·이야순李野淳 등은 퇴계의 발자취를 따라 도산서원을 중심으로 도산구곡陶山九曲을 설정하였다. 퇴계는 도산 주변의 경관을 시로 노래하였지만, 구곡을 경영하지는 못했다. 이를 안타깝게 여긴 후손들이 19세기 전반 도산구곡의 경영에 나선 것이다. 이야순은 이이순이 설정한 구곡을 약간 수정하여 도산구곡을 재설정하고, 주변 사람들에게 차운시를 요청하여 도산구곡을 공식적으로 인정받으려 하였다.[25]

이야순은 도산구곡을 설정하는 데서 그치지 않고, 경주 양동에 있는 옥산서원을 방문했을 때 '옥산구곡玉山九曲을 설정해야 한다'고 제안하였다. 이언적李彦迪의 유적지가 있는 경주 옥산서원 근처에는 19세기 전반까지 구곡을 경영한 것이 없었다. 1823년 옥산서원을 방문한 이야순은 '선현의 유적지에 구곡이 없어서는 안 된다'라고 강조하면서, 옥산에 구곡을 설정하자고 제안하여 그들과 함께 옥산구곡을 경영하였다.[26]

19세기 후반 서양 문물이 밀려오면서 도가 무너지는 것을 목격한 유학자들은 위정척사衛正斥邪 의식을 고취하며, 도를 지키는 것을 사명으로 인식해 산속 깊숙이 은거하는 풍조가 유행하였다. 이러한 분위기 속에서 위도의식衛道意識이 대두되어 그들이 은거한 계곡에 '도를 보존한다'는 명분으로 구곡을 경영하였다. 이런 시대 분위기 속에서 전국적으로 20세기 초까지 수많은 구곡이 경영되어, 구곡의 이름을 바위에 새기고 구곡시를 지어 남겼다.

이상에서 조선 시대 구곡문화의 전개 양상을 간추려 보았다. 요컨대 16세기에는 주자학이 정착하면서 주자를 존모하는 마음으로 「무이도가」에 차운하는 시를 지어 무이구곡을 동경하다가, 17세기

옥산정사 독락당

옥산정사 독락당 현판

이후로는 선현의 유적지가 있는 현실 공간에 구곡을 경영하고 구곡
시를 창작하거나 자신이 살고 있는 인근의 계곡에 나아가 독자적
으로 구곡을 경영하고 구곡시를 창작하는 양상으로 전개되었다. 이
런 현상은 18세기 이후 더욱 활발하게 전개되었으며, 19세기 후반
서양 문물이 밀려오면서 위도의식의 소산으로 구곡 경영이 더욱 늘
어났다.

德山九曲
茗五曲
山天齋曲
哀石 [印]

제2부

영남의 삼산서원과
삼산구곡시

01
영남의 삼산서원

여기서 말하는 '삼산서원三山書院'은 '산山' 자가 들어간 영남의 대표적인 세 서원인 옥산서원玉山書院·도산서원陶山書院·덕산서원德山書院을 가리킨다. 옥산서원은 회재晦齋 이언적李彦迪을 제향하는 서원이고, 도산서원은 퇴계 이황을 제향하는 서원이고, 덕산서원은 남명 조식을 제향하는 서원이다. 이 세 서원은 모두 국가에서 현판을 하사한 이른바 사액서원賜額書院이다. 덕산서원은 1609년 사액되면서 '덕천서원德川書院'으로 이름이 바뀌었다.

이 세 서원을 '삼산서원'으로 칭한 사례는 전에 없었다. 이 세 서원을 '삼산서원'이라 일컬은 것은 18세기 의령에 살던 안덕문安德文에 의해서이다. 그러므로 여기서 말하는 '삼산'이라는 명칭은 '유형의 산'을 의미하는 말이 아니라, 회재·퇴계·남명을 제향하는 세 서원이 있는 산(玉山·陶山·德山)을 상징적으로 의미하는 말이다.

안덕문은 과거를 포기한 뒤 산수에 지향을 두고서 선현의 발길이 닿은 곳과 선현을 모신 곳을 직접 탐방하는 것을 노년의 취향으로 삼았다.[27] 그는 「삼산도지서三山圖誌序」에서 "명산으로 일컬어

도산서원

옥산서원

덕천서원(덕산서원)

지는 것은 그 산이 높기 때문이 아니라, 그곳에 사는 사람을 통해
서 이름이 높아진 것이다."라고 하면서, 공자가 태어난 니구산尼丘
山(산동성)과 주자가 은거한 무이산武夷山(복건성)이 오악五岳보다 유
명한 것은 공자와 주자 때문이라고 하였다. 그리고 다음과 같이 말
하였다.

영남 72 고을은 산이 웅장하고 물이 아름다우며, 예로부터 '인재의
보고'라고 일컬어졌다. 도덕과 문장, 절의節義와 충효에 빼어난 분들

이 앞뒤로 태어나 그분들이 사시던 곳에 그분들을 제향하는 서원을 세워 당호와 편액을 걸어놓았으니, 어느 곳인들 남쪽 지방 사람들이 본보기로 삼아서 존모할 분들이 아니겠는가. 오직 경주의 옥산서원, 예안의 도산서원, 진주의 덕산서원은 회재·퇴계·남명 세 선생이 사시던 곳이며, 제향을 받드는 곳이다. 그러니 이 삼산서원에 모신 선현의 높은 경지에 올라가려면 이 세 현인을 말미암아 지향을 높이 해야 하지 않겠는가. 보잘것없는 나는 동방에서 태어나 자라 멀리 중국으로 가서 공자와 주자의 유적지를 볼 수 없으니, 이 삼산서원이 우리나라의 니구산과 무이산이 아니겠는가. 드디어 동쪽·남쪽 지역을 두루 유람하여 삼산서원의 원우院宇·대사臺榭·동학洞壑·임천林泉을 두루 보았다. 화공에게 명하여 삼산서원을 그리게 해서 대청마루에 걸어두었다. 또 세 현인 문집 속의 시 약간 편에 차운하여 일상에서 늘 존모하는 마음을 붙였다.[28]

안덕문은 세 선생을 제향하는 서원이 있는 옥산·도산·덕산을 공자의 니구산과 주자의 무이산에 비견하여 '삼산'이라는 명칭을 정립하였다. 그리고 이 세 선생의 경지에 오르기 위해서는 세 선생을 통해 정신 지향을 높여야 가능하다고 하였다. 이 점이 바로 안덕문이 삼산서원의 개념을 정립하고, 삼산서원을 탐방하여 직접 그분들의 정신을 체득하고자 한 자세이다.

안덕문은 화공에게 「삼산도三山圖」를 그리게 한 뒤, 「삼산도명三山圖銘」과 「삼산도지서三山圖誌序」를 지었으며, 삼산서원을 유람하면서 각 서원을 노래하는 시를 지었다.[29] 「삼산도명」은 옥산도玉山圖·도산도陶山圖·덕산도德山圖 3수로 되어 있으며, 각 편은 4언 16구로 되어 있다.

이 가운데 눈에 띄는 대목이 옥산·도산·덕산 삼산 모두를 '니구산·무이산과 같다'고 노래한 점이다. 안덕문은 「삼산도명」의 「옥산도명」에서는 "니구산·무이산과 나란히 솟아 푸르구나.(尼丘武岑 並峙蒼綠)"라고 하였으며, 「도산도명」에서는 "니구산과 나란히 솟구쳤고, 무이산과 똑같이 높구나.(尼邱並峙 武夷同嶢)"라고 하였으며, 「덕산도명」에서는 "도산·옥산과 함께 세 봉우리, 니구산·무이산과 한 가지 색이로세.(陶玉三峯 尼武一色)"라고 하였다.

이를 보면 안덕문은 '이 세 선생의 학문이 모두 공자·주자를 상징하는 니구산·무이산과 다르지 않다'는 점을 강조하였다. 이는 이 세 선생의 연원을 공자·주자에 두어 모두 도학을 계승한 도학자로 보는 의식을 드러낸 것이다. 특히 '노장사상이 들어 있다'고 비판을 받은 남명의 학문도 공자에서 주자로 이어진 정맥에 있다는 점을 분명히 한 것이다.

이는 기본적으로 이 세 선생의 연원을 공자와 주자에 두어 모두 도학자로 보는 의식이며, 또한 이 세 선생의 학문적 차이보다는 '연원이 같은 데서 나왔다'는 도통의식을 반영한 것이다. 그리고 경상우도의 남명이 경상좌도의 회재·퇴계와 같은 반열에 있는 도학자임을 천명한 것으로, 남명의 학문을 회재·퇴계의 학문과 동일하게 정맥으로 본 것이다.

02
하범운의 삼산구곡시

'덕산구곡德山九曲'이라는 명칭을 처음 쓴 사람은 진주 출신 하범운河範運이다. 하범운은 1823년 11월 1일 경상좌도 예안禮安으로 가서 도산서원에 분향하고, 퇴계의 후손 이야순李野淳을 방문하였다. 이야순은 당대 경상좌도에서 명망이 매우 높았던 학자이다.

이야순은 하범운에게 자신이 지은 「도산구곡시陶山九曲詩」와 「옥산구곡시玉山九曲詩」를 보여주며, 돌아가 차운시를 지어 보내 달라고 요청하였다. 하범운은 집으로 돌아와 이야순의 「도산구곡시」·「옥산구곡시」에 차운하는 한편, 「덕산구곡시德山九曲詩」 1편을 추가하여 삼산구곡시를 지어 이야순에게 보냈다. 그는 이야순에게 차운시를 지어 보내면서 덕산구곡을 도산구곡·옥산구곡과 함께 거론하였는데, 서문에서 다음과 같이 말하였다.

지난 계미년(1823) 가을 나는 선조의 문집을 교감하는 일로 예안에 가서 수석정漱石亭에서 참봉 이장李丈(이야순)을 배알하였다. (중략) 내가 돌아가겠다고 고하자, 이장이 도산구곡과 옥산구곡의 제목을 손수 써서 내게 주었다. 그리고 나에게 화답하는 시를 지어 보내라고 하였다. 그분의 당부가 매우 간곡하여, 나는 학식이 천박하다는 이유로 거절할 수 없었다. 이에 한가한 날 하나하나 화답하고, 「덕산구곡시」 1편을 붙여서 드디어 삼산의 구곡시를 완성하였다. 삼산에 구곡이 있는 것은 도학의 원류의 성대함이 우리 영남에 있음을 보여주는 것이다.[30]

하범운이 "삼산에 구곡이 있는 것은 도학의 원류의 성대함이 우리 영남에 있음을 보여주는 것이다."라고 한 말은 매우 의미심장하다. 그는 앞 시대 안덕문처럼 삼산서원에 모신 세 선생을 '우리나라 도학의 원류'로 인식하고서 '삼산'이라는 명칭을 쓴 것이다. 이는 안덕문이 삼산서원의 위상을 정립하여 드러낸 것과 같은 맥락에서 이해할 수 있다. 이 점이 바로 하범운이 덕산구곡을 도산구곡·옥산구곡과 나란히 드러내기 위해 삼산구곡시를 창작한 배경이라 할 수 있다.

'덕산구곡德山九曲'이라는 명칭은 하범운 이전의 문헌 기록에서 찾아볼 수 없다. 그런데 하범운은 왜 「덕산구곡시」를 지으며 덕산구곡의 명칭을 명시한 것일까? 하범운의 「덕산구곡시」에 보이는 구곡의 명칭을 앞 시대 정식鄭栻이 지리산 덕산에 설정한 '무이구곡'의 명칭과 비교해 도표로 제시하면 다음과 같다.

차례	정식의 무이구곡	하범운의 덕산구곡	비고
제1곡	垂虹橋曲	垂虹橋曲	
제2곡	玉女峯曲	玉女峯曲	
제3곡	弄月潭曲	弄月潭曲	
제4곡	落花潭曲	落花潭曲	
제5곡	大隱屛曲	爛柯巖曲	하범운이 명칭 개정
제6곡	光風瀨曲	光風軒曲	하범운이 명칭 수정
제7곡	霽月臺曲	霽月臺曲	
제8곡	鼓樓巖曲	鼓樓巖曲	
제9곡	臥龍瀑曲	臥龍瀑曲	

이를 보면 제5곡의 명칭만 다를 뿐, 나머지는 모두 동일한 것을 알 수 있다. 하범운은 정식이 설정한 무이구곡에 나아가 제5곡 '대은병곡大隱屛曲'을 '난가암곡爛柯巖曲'으로 바꾸고, 제6곡 '광풍뢰곡光風瀨曲'을 '광풍헌곡光風軒曲'으로 바꾼 것이다. 즉 하범운은 이야순의

정식의 '무이구곡' 각자

요청을 받고 「도산구곡시」·「옥산구곡시」에 차운하는 한편, 정식이 설정한 무이구곡의 명칭을 일부 수정해 '덕산구곡'이라는 명칭을 정하고, 그것을 바탕으로 「덕산구곡시」를 창작한 것이다.

그런데 하범운의 「덕산구곡시」를 살펴보면, 정식의 「무이구곡시」와 내용면에서 매우 다른 것을 확인할 수 있다. 즉 하범운은 주

자의 정신이 깃든 무이구곡을 노래한 것이 아니라, 남명의 정신이 깃든 덕산구곡을 노래한 것이다. 이 점이 정식의 「무이구곡시」와 하범운의 「덕산구곡시」가 확연히 구분되는 지점이다. 하범운이 지은 「덕산구곡시」의 서시序詩는 다음과 같다.

산속에 덕을 숨기니 만물이 신령함을 느끼고,　　潛德山中物感靈
신비한 용이 기운을 뿜어 아홉 못이 맑구나.　　神龍噓氣九淵清
우리 유가의 경과 의를 누가 능히 이해하리,　　吾家敬義誰能會
천고의 참된 지결 정성正聲을 이어 짓네.[31]　　千古眞詮續正聲

하범운은 남명학의 요체라고 알려진 경의敬義를 언급하고 있으며, 그것을 '참된 지결(眞詮)'으로 표현하였다. 이는 곧 남명 사상을 드러낸 것이다. 그런데 정식이 지은 「무이구곡시」의 서시는 다음과 같다.

주 선생은 그 옛날 무이산 신령함을 사랑했고,　　先生昔愛武夷靈
또 참된 근원 얻었는데 한결같이 물이 맑았네.　　又得眞源一樣清
천 년 동안 남기신 노래 구곡시에 남아 있으니,　　千載遺音留九曲
금옥의 악기가 내는 소리와 비교해 어떠하리.[32]　　何如金玉發爲聲

정식의 서시는 무이산과 무이구곡에 나아가 주자를 존모하는 시상詩想을 드러내고 있다. 반면 하범운은 덕산과 덕산구곡에 나아가 남명을 존모하는 시상을 드러내고 있다. 정식은 남명을 제향하는 덕천서원 뒤 구곡산九曲山에 무이구곡을 설정하고 은거하였지만, 그의 시에는 남명에 대한 언급이 전혀 없다. 그의 「무이구곡시」는 오로지 주자의 정신을 본받고자 하는 내용으로 채워져 있다. 그런데 하범운의 서시는 남명학의 요체인 경敬·의義를 계승하고자 하는 지향을 드러내고 있다. 이를 보면 그의 「덕산구곡시」는 남명을 주제로 지은 것이 분명하며, 정식의 「무이구곡시」와는 창작의도가 전혀 다르다.

하범운의 「덕산구곡시」는 정식의 무이구곡에서 그 명칭만 취하였을 뿐, 시상은 남명의 도학이 깃든 덕산구곡을 드러내는 데 있었다. 그래서 형승의 아름다움을 노래하기보다는 그곳에서 남명을 존모하는 한편, 자기 시대 쇠락한 문풍을 탄식하는 심경을 드러내고 있다. 특히 광풍헌과 제월대를 노래한 제6곡시와 제7곡시에 이런 시상이 잘 드러나 있다.

제6곡시는 덕천서원 경의당敬義堂을 거론하며 광풍제월光風霽月의 흉금을 노래하고 있고, 제7곡시는 남명이 떠나 도가 쇠미해진 세상에 제월대霽月臺에 홀로 앉아 있는 작자의 심경을 노래하고 있다. 광풍제월은 북송 때 시인 황정견黃庭堅이 주돈이周敦頤의 인품을 상징적으로 표현한 말인데, 후에는 '인욕이 말끔히 제거되어 구름 한 점 없는 맑은 달밤처럼 깨끗한 흉금'을 의미하는 말로 쓰였다. 특히 도학자들의 정신세계를 표현하는 데 즐겨 썼다. 남명이 별세한 뒤 최영경이 덕천서원을 창건하면서 동재와 서재 끝에 다락을 만들고 광풍헌光風軒·제월헌霽月軒이라 하였으니, 이는 남명의 흥금을 의미하는 것이다.

하범운은 이야순의 요청을 거절할 수 없어 「도산구곡시」와 「옥산구곡시」에 차운시를 지었다. 그리고 나서 생각해 보니, 덕산에는 구곡이 없어 「덕산구곡시」를 지을 수 없었다. 또 자신이 덕산구곡을 설정할 만한 위치에 있지도 않았다. 그러므로 궁여지책으로 앞 시대 정식이 덕산에 구곡을 설정하고 지은 「무이구곡시」를 가져다가 구곡의 명칭을 약간 수정하여 '덕산구곡'이라 하고서, 남명의 유적지에도 덕산구곡이 있음을 보여주기 위해 「덕산구곡시」를 지어 「옥산구곡시」·「도산구곡시」와 함께 '삼산구곡시'라 칭하면서 이야순에게 보낸 것이다. 요컨대 하범운은 남명의 유적지에도 덕산구곡이 있음을 경상좌도 학자들에게 알리고 싶어서 「덕산구곡시」를 지어 함께 보낸 것이다.

하범운이 이야순에게 「덕산구곡시」를 지어 보내기는 하였으나, 이야순이 도산구곡을 재설정하고 「도산구곡시」를 지어 사람들에게 차운시를 요청한 것처럼 덕산구곡을 재설정하지 못하였으며, 「덕산구곡시」를 주위 사람들에 보여주며 차운을 요청하지도 못하였다. 그리하여 '덕산구곡'이라는 명칭은 하범운에서 그치고, 진주권 학자들에게 널리 알려지지 못하였다.

그것은 하범운이 경상우도 지역의 여론을 주도할 만한 위치에 있지 못한 측면도 있지만, 학술이 매우 침체한 당시 경상우도의 분위기 속에서 남명의 정신과 발자취가 깃든 곳에 덕산구곡을 설정해야 한다는 인식 자체가 부족했기 때문이다. 또한 도산구곡을 재설정한 이야순처럼 덕산구곡 설정을 주도할 주체가 없었기 때문이다.

하범운이 지은 「덕산구곡시」 10수는 다음과 같다.

서시序詩

산속에 덕을 숨기니 만물이 신령함을 느끼고,	潛德山中物感靈
신비한 용이 기운을 뿜어 아홉 못이 맑구나.	神龍嘘氣九淵淸
우리 유가의 경과 의를 누가 능히 이해하리,	吾家敬義誰能會
천고의 참된 지결 정성正聲을 이어 짓네.	千古眞詮續正聲

제1곡 수홍교곡垂虹橋曲

일곡이라 물길을 따라 배를 띄우고자 하노니,	一曲緣蹊欲使船
문은 입덕문으로 통하고 물은 시천으로 흐르네.	門連入德水連川
다리 무너진 뒤 드리웠던 무지개도 끊어졌으니,	橋崩以後垂虹斷
산해 선생 사당 적막하고 연하도 쓸어버린 듯.	山海寥寥掃劫烟

제2곡 옥녀봉곡玉女峯曲

이곡이라 푸른 산엔 비췻빛 봉우리 모였고,	二曲蒼鬟攢翠峯
화장한 선녀 아리따운 자태로 서 있는 듯.	粧成仙女揷花容
현상계로 마음과 눈 치달리지 않도록 하려,	不敎色界遊心目
자물쇠 깊이깊이 몇 겹이나 잠가놓았는지.	槖鑰深深鎖幾重

제3곡 농월담곡 弄月潭曲

삼곡이라 빈 서재는 배 한 척 그려놓은 듯,	三曲空齋若畫船
강물에 무지개처럼 잠긴 달 그 옛날과 같네.	滄江虹月似當年
오가는 길의 평탄하고 험난함 수시로 변하니,	揭來夷險翻然手
차고 기우는 사물의 이치 가련할 만하구나.	物理盈虛堪可憐

제4곡 낙화담곡 落花潭曲

사곡이라 아련히 꿈속에서 보았던 그 바위,	四曲依然夢賚巖
바위틈 매화 비 머금고 이리저리 떨어지네.	巖梅含雨落毿毿
바위틈서 축대 쌓다 상商나라 다스렸으니,	巖間版築歸商劃
경세제민 넓은 포부 깃든 정승의 못이로세.	經濟恢恢相府潭

제5곡 난가암곡 爛柯巖曲

오곡이라 넝쿨 잡고 오르니 석실 깊기도 한데,	五曲攀躋石室深
봉우리 빨리 흐르는 세월 속에 우뚝 솟았구나.	崢嶸歲月爛柯林
바둑 두는 것 구경하며 선동과 앉았으니,	觀棋幸與仙童坐
바둑판 가져다 마음속에 두었음을 알겠네.	認取紋枰落子心

제6곡 광풍헌곡 光風軒曲

육곡이라 남쪽 바다 위로 물굽이와 동떨어진 곳,	六曲南溟上隔灣
높다란 덕천서원 경의당 낮에도 항상 닫혀 있네.	堂高敬義畫常關
흉금이 상쾌하고 활달하여 묵은 때 전혀 없는데,	胸襟快豁無塵垢

다락에 걸린 광풍헌이란 현판 만고에 한가롭네.   軒揭光風萬古開

제7곡 제월대곡霽月臺曲

칠곡이라 가벼운 배 저물녘에 여울을 내려가는데,   七曲輕舟暮下灘
구름 한 점 없는 중천에 뜬 밝은 달 누가 보는가.   中天霽月爲誰看
소미성 자취 감추자 덕산에 사시던 분 떠나셨는데,   少微迹晦山人去
나 홀로 높은 제월대에 앉으니 밤의 빛이 차갑네.   獨上高臺夜色寒

제8곡 고루암곡鼓樓巖曲

팔곡이라 바위문이 노에 의지해 열려 있는데,   八曲巖扉倚棹開
고루의 동쪽 곁엔 시냇물이 모여 빙빙 도네.   鼓樓東畔水縈洄
조물주가 우공의 솜씨를 알고서 취해다가,   神工認取愚公手
특별히 우리나라로 산을 옮겨 온 것이리라.   特地移山海國來

제9곡 와룡폭곡臥龍瀑曲

구곡이라 연못의 용 누워서 말이 없는데,   九曲淵龍臥默然
남양 땅은 산수 아름답고 또 앞에는 시내.   南陽山水又前川
제갈무후의 초상화를 걸어놓은 사람은 없고,   武候遺像無人揭
바다로 치달리는 여울이 위로 하늘에 접했네.[33]   奔海湍流上接天

제1곡시는 수홍교垂虹橋를 노래하였다. 수홍교는 하범운이 살던 시대에는 무너져 없어진 듯하다. 수홍교는 정식이 은거한 무이정사가 있던 구곡산 골짜기에서 흘러내린 시내가 시천矢川으로 흘러드는 곳을 가로지른 다리의 이름이다. 하범운은 이곳의 물줄기가 남명이 명명한 입덕문이 있는 시천으로 통한다는 점을 언급하고 있다. 곧 남명의 도학이 발원한 곳임을 드러내고자 한 것이다. '산해山海'는 남명이 은거하던 산해정山海亭을 가리킨다.

하범운은 제1곡시에서 남명을 언급하여 덕산구곡이 남명의 도학이 깃든 곳임을 노래하고 있다. 다만 남명을 제향하는 서원이 적막하여 이곳의 풍경이 쇠잔한 것을 안타까워하는 심경을 드러내고 있다.

제2곡시는 옥녀봉玉女峯을 노래하였다. 옥녀봉은 주자가 살던 무이구곡에 있는 바위 봉우리의 이름이다. 정식이 설정한 무이구곡의 명칭을 그대로 따라 쓴 것으로, 실제로 옥녀봉이 있는 것은 아니다. 제2곡시는 주자가 설정한 무이구곡의 하나인 옥녀봉을 노래한 시이기 때문에 미녀가 예쁘게 화장한 듯이 아름다운 자태를 형용하였다. 그런데 하범운은 거기서 그치지 않고, 다시 색욕을 경계하는 시상을 전개하여 심성 수양을 중시한 남명의 도학 정신을 드러내고 있다. 즉 '옥녀봉'이라는 이름을 통해 색욕을 경계한 남명 정신을 표현한 것이다.

남명은 문인 김우옹金宇顒·정구鄭逑에게 "천하에 제일 뚫기 어려운 관문이 화류관花柳關이다. 너희들은 이 관문을 능히 뚫고 나갈 수 있겠느냐?"라고 하여[34], 성욕을 극복하는 것이 가장 어렵다는 점을 말하였다. 하범운은 이런 고사를 익히 알고 있었기 때문에 위와 같이 노래한 것이다.

제3곡시는 농월담弄月潭을 노래하였다. 이 시는 영고성쇠하는 세상사의 변화를 안타깝게 여기는 심경을 읊고 있다. 남명이 떠나고 난 뒤 자기 시대의 쇠잔한 문물을 불변의 자연과 대비해 읊은 것이다. 경상우도 지역의 학풍이 침체한 당시의 심경을 잘 드러내고 있다.

제4곡시는 낙화담落花潭을 노래하였다. 은 고종은 꿈속에서 현자를 보고 초상화를 그려 그를 찾게 하였는데, 부암傅巖 들판에서 축대를 쌓던 부열傅說을 찾아 그를 등용하여 태평 시대를 열었다. 이 시는 이런 고사를 취해 쓴 것이다. 하범운은 경세제민의 큰 포부를 가진 부열과 같은 어진 이가 초야에 은거하고 있는 점을 노래했는데, 그것은 바로 우국애민하여 밤에 몰래 눈물을 흘린 남명을 염두에 두고 노래한 것이다.

제5곡시는 난가암爛柯巖을 노래하였다. 제5곡시는 정식이 '대은병곡大隱屛曲'이라 명명한 것을, 하범운이 '난가암곡爛柯巖曲'으로 명칭을 바꾸어 노래하였다. 대은병은 무이구곡의 제5곡으로, 주자가 무이정사를 짓고 은거하던 곳의 바위 봉우리 이름이다. 정식이 왕질王質의 고사를 인용해 '천추일국난가처千秋一局欄柯處'라고 노래하였는데, 하범운이 이 시구에서 취해 이름을 붙인 것이다. '난가爛柯'는 '중국 진나라 때 왕질이 석실산石室山으로 나무하러 가서 동자들이 바둑 두는 것을 구경하다가 도낏자루가 썩을 정도로 세월이 흐른 것을 잊었다'는 일화에서 나온 말이다. 선동仙童이 바둑을 두는

덕천서원 경의당 협실(광풍헌, 제월헌)

일화를 인용한 것은 은자의 삶을 은연중 드러낸 것이다.

　제6곡시는 광풍헌光風軒을 노래하였다. 덕천서원 광풍헌에서 광풍제월光風霽月을 노래한 것이다. 광풍제월은 인욕과 물욕이 말끔하게 제거되어 구름 한 점 없는 맑은 하늘에 명월이 뜨고, 풀 위에 바람이 불어 그 물결에 밝은 빛의 바람이 유행하는 것처럼 맑고 깨끗하게 깨어 있는 정신세계를 가리킨다. 하범운은 이런 광풍헌에서 아래로 적막한 덕천서원을 바라보며 광풍제월의 흉금을 상상하고 있다.

　광풍헌과 제월헌은 덕천서원을 창건할 당시에 동재와 서재 끝의 다락 이름이었는데, 후대 덕천서원 경의당의 양쪽 협실 이름으로 쓰였기 때문에 덕천서원 경의당敬義堂을 제6곡시에서 거론한 것이다. 제6곡시 역시 남명의 흉금을 광풍제월에 비유하면서 지금은 그러한 남명의 도가 쇠미해진 것을 안타까워하며 노래한 것이다.

제7곡시는 제월대霽月臺를 노래하였다. 이 시도 제6곡시와 마찬가지로 남명의 광풍제월의 정신을 노래한 것이다. 다만 하범운은 '남명의 도는 맑은 하늘의 명월처럼 밝지만, 남명이 떠난 세상은 밤기운이 차다'고 노래하였다. 이는 당대에 도가 쇠미해진 것을 탄식하는 정서이다. 남명은 소미성의 정기를 받아 태어났다고 하며, 소미성은 처사處士를 상징하는 별이기 때문에 이 시에서 '소미성'을 언급한 것이다.

제8곡시는 고루암鼓樓巖을 노래하였다. 이 시는 고루암곡의 빼어난 경관을 노래한 것이다. 우공愚公은 우공이산愚公移山의 고사에 나오는 인물로, 산을 옮긴 사람이다. 고루鼓樓는 높다란 누각에 큰 북을 설치해 두고 경보나 시각을 알릴 때 치던 높은 장소이다. 여기서는 바위가 고루처럼 높다랗다는 것을 형용한 것이다.

제9곡시는 와룡폭臥龍瀑을 노래하였다. 이 시의 '남양南陽'은 중국 삼국 시대 제갈량諸葛亮이 벼슬하지 않고 포의布衣로 살면서 농사를 짓던 곳이다. 제9곡이 와룡폭이기 때문에 제갈량의 고사를 인용한 것이다. 이 제9곡시는 구곡의 극처極處를 노래한 것이기 때문에 '물의 근원이 하늘에 접했다'고 노래하여, 본원本源·원두源頭를 중시하는 도학자의 정신을 드러내고 있다.

德山九曲
第三曲
入德門曲
玄石

제3부
덕산구곡 설정과 의의

01

덕산구곡 설정의 필요성

예전에는 지리산 덕산동으로 들어가는 입구의 협곡을 '수양검음 首陽黔陰'이라 하고, 덕산으로 들어가는 문을 '두류만학문頭流萬壑門' 이라 하였다.[35]

이 협곡의 중간 병목처럼 생긴 곳의 시냇가 우뚝한 바위에 남명 이 '입덕문入德門'이라는 이름을 붙여 놓았다. 입덕문은 '덕으로 들 어가는 문'이라는 뜻으로, 송나라 때 정자程子가 『대학』을 논평한 말에서 취한 것인데, 도덕의 세계를 지향하는 도학자의 정신이 투 영되어 있다. 그리고 그 하류에 남명의 문인 도구陶丘 이제신李濟臣 이 우거하던 곳이 있는데, 그 언덕을 후인들이 '도구대陶丘臺'라 불 렀다. 이곳이 덕산으로 들어가는 협곡의 초입이다.

도구대에서 오른쪽 계곡을 따라 올라가면 남명의 유적이 있는 백운동白雲洞이 나온다. 이 백운동 입구에 남명이 손수 심은 장대한 소나무가 있어서, 이곳을 유람하는 사람들은 남명을 대하는 듯이 그 소나무를 우러르며 공경심을 일으켰다고 한다. 또 1870년대 이 지역 원로 김인섭金麟燮·권헌기權憲璣·박치복朴致馥·조성가趙性家 등이 백운동을 유람하며 남명을 추모하였고, 1893년 김진호金鎭祜 등은 백운동에 '남명선생장구지소南冥先生杖屨之所' 여덟 자를 바위에 새기며 남명을 추모하였다.[36] 이처럼 백운동은 수석이 빼어난 데다 남명의 유적이 있어서, 이 지역 인사들이 유람하며 남명을 추모하던 장소였다.

백운동에서 다시 덕천 본류로 나와 수양검음을 따라 올라가면 입덕문과 탁영대濯纓臺가 나오고, 협곡을 지나면 넓은 동천이 나타나는데, 그곳이 남명이 만년에 산천재山天齋를 짓고 살던 덕산이다. 덕산에는 남명을 제향하는 덕천서원이 있으며, 그 앞에 세심정洗心亭·취성정醉醒亭이 있었다.

대원사 계곡에서 발원한 시내와 중산리 계곡에서 발원한 시천이 덕천서원 앞 취성정 부근에서 합류하여 덕천강이 되어 동쪽 수양검음으로 흘러내린다. 덕산에서 대원사 계곡을 따라 10리 남짓 가면 삼장면 덕교마을에 남명의 유적인 송객정送客亭의 터가 있고, 다시 5리 남짓 가면 남명의 문인 오건吳健이 노새에서 떨어져 얼굴에 상처를 입었다는 면상촌面傷村이 나온다. 그리고 대원사 계곡을 따라 오르면 남명의 발자취가 있는 장항동獐項洞(노루목)이 나오고, 그 위에 대원사大源寺가 있다.

도구대로부터 대원사까지의 골짜기에는 구곡을 경영할 만한 명승 및 남명의 발자취가 많이 있다. 그런데 안타깝게도 덕산구곡이 설정되지 못하였다. 1823년 이 지역 유학자 하범운河範運이 도산구곡·옥산구곡·덕산구곡을 노래한 삼산구곡시를 지었지만, 남명의 발자취를 따라 덕산구곡을 설정하지는 못하였다. 그 후 박치복·조성가 등이 백운동을 노래하는 시를 지었지만, 이때도 구곡을 설정하지 못하였다. 당시 이 지역 학술이 침체하여 덕산구곡을 주도적으로 설정할 만한 인물이 없었고, 또 안동 지역 퇴계 후손들처럼 '선현의 유적지에 구곡이 있어야 한다'는 인식도 거의 없었기 때문에 덕산구곡을 경영하지 못하였다.

또한 하범운의 「덕산구곡시」는 남명의 유적이 없는 구곡산 작은 골짜기에 정식鄭栻이 설정한 무이구곡을 변용하여 지은 것이기 때문에 입덕문·산천재·덕천서원·송객정 등 남명의 발자취를 전체적으로 담아내지 못하였다. 즉 덕산에 산재한 남명의 유적을 구곡으로 포괄하지 못함으로써 그가 지은 「덕산구곡시」는 남명의 유적을 따라 설정한 명실상부한 덕산구곡을 노래한 것이라 할 수 없다.

우리는 여기서 퇴계의 후손 이야순李野淳이 1823년 비로소 도산구곡을 설정하고 「도산구곡시」를 창작한 뒤, 여러 사람에게 차운시를 요청하여 도산구곡을 사회적으로 공인받은 사실을 상기할 필요가 있다. 요컨대 퇴계가 별세하고 253년이 지난 뒤에 비로소 퇴계의 유적지에 도산구곡이 생겨난 것이다. 그리고 옥산서원 인근에 옥산구곡이 생겨난 것은 회재가 별세하고 270년이 지난 뒤의 일이다.

이런 관점에서 보면, 2016년 남명의 유적지에 덕산구곡을 설정한 것[37]이 도산구곡과 옥산구곡을 설정한 것에 비해 193년 늦은 일이기는 하지만, 수백 년 뒤에 돌아보면 그렇게 큰 차이도 아닐 것이다. 그러므로 덕산구곡을 설정하고 덕산구곡시를 지어 남명의 정신이 투영된 덕산의 산수에도 구곡문화를 조성할 필요성이 충분히 있다고 하겠다.

특히 하범운이 「도산구곡시」와 「옥산구곡시」에 차운하면서 「덕산구곡시」를 첨부하여 '삼산구곡시'라 명명한 것에 연원을 둔다면, 도산구곡이 설정된 시기에 덕산구곡도 그 개념이 생겨난 것이니, 동시대의 일로 소급할 수도 있다. 하범운이 비록 덕산구곡을 설정하지 못하고 정식이 설정한 무이구곡에 나아가 그의 「무이구곡시」에 차운하여 「덕산구곡시」를 지었지만, 남명의 도학을 노래하고 '덕산구곡'이라 일컬었으니, 그 정신을 계승하여 남명의 유적지에 합당한 덕산구곡을 새로 설정하는 일은 누군가가 반드시 해야할 일이다.

덕산은 지리산 천왕봉에서 발원한 깊은 골짜기의 시내가 양쪽에서 흘러내리고 산수가 수려하여 구곡을 조성할 만한 천혜의 자연경관을 갖추고 있다. 게다가 이 골짜기에는 남명의 유적지가 산재하고, 후학들이 남명의 도학을 계승하려 한 정신이 오랫동안 깊이 스미어 있다. 그러므로 이 골짜기에 덕산구곡을 설정하면 덕산을 우리나라 도학의 성지로 널리 알리는 데에 큰 영향을 미칠 것이다. 또한 덕산구곡은 도산구곡·옥산구곡과 영남의 삼산구곡으로 정립될 것이며, 덕산이 도산·옥산과 함께 조선 도학의 산실로 거듭나게 될 것이다.

02
덕산구곡 설정의 논거와 실체

    덕산구곡을 설정하기 위해서는 설정의 기준이 되는 몇 가지 논리적 근거가 있어야 한다. 이러한 논리적 근거를 제시하면 다음과 같다. 첫째, 남명의 도학 정신과 남명의 유적이 있는 곳이어야 한다. 둘째, 남명학을 계승한 후학들의 정신과 그들의 유적이 있는 곳이어야 한다. 셋째, 남명의 발자취가 이르지 않았더라도 남명의 정신과 일치하는 장소적 의미가 있어야 한다. 이러한 논거에 의해 필자가 설정한 덕산구곡을 제시하고, 그 실체를 고찰해 보기로 한다.

제1곡 도구대곡陶丘臺曲

    도구대곡은 구만마을 서쪽 덕천강 강가에 우뚝 솟은 바위 언덕의 물굽이를 말한다. 도구대는 도로를 내면서 높은 산자락을 깎아 냈기 때문에 지금은 그 위용을 찾아볼 수 없다. 그러나 산자락을 절개하고 도로를 낸 현재의 시점에서 옛 모습을 상상해 보면, 강가에 우뚝한 절벽 위의 바위 언덕이 얼마나 높다랗게 솟아 있었는지를

도구대곡(94×60cm, 이호신 作)

가늠할 수 있다. 도구대 밑에는 강물이 고여 빙빙 도는 시퍼런 못이 있었는데, 이곳을 '태연苔淵'이라 불렀다. 지금은 깨진 바위가 쌓여 옛날 경관이 많이 훼손되었다.

　도구대는 남명의 문인 도구陶丘 이제신李濟臣이 은거하여 노닐던 곳이다. '도구대'라는 이름은 후인들이 이제신의 호에서 취해 붙인 것인데, 이제신이 '도구'라는 호를 쓴 것은 옛날 중국 도주공陶朱公처럼 자신의 재주를 숨기고 은거하고자 하는 심경을 드러낸 것이다. 도주공은 월왕越王 구천句踐을 섬겨 오왕吳王 부차夫差를 멸망시킨 범려范蠡이다. 그는 오나라에 복수한 뒤 제나라로 가서 큰 부자가 되었다. 제나라 임금이 그를 정승으로 삼으려 하자, 재물을 다

덕산구곡 설정의 장소 및 논거

차례	곡명	장소 및 논거	유적(상태)
제1곡	陶丘臺曲	산청군 단성면 자양리 구만마을 덕천강 강가의 바위 언덕, 남명의 문인 도구 이제신이 스승을 따라와 은거하던 곳	도구대 (훼손)
제2곡	白雲洞曲	산천군 단성면 백운리 백운동 계곡, '南冥先生杖屨之所' 각자가 있는 용문폭포 주위, 남명이 세 번이나 유람하며 은거지로 생각한 곳	남명송(없음) 각자(남명선생 장구지소)
제3곡	入德門曲 (濯纓臺曲)	산청군 단성면 백운리 덕천강 강가 바위, 도덕의 세계로 들어가는 관문, 남명이 입덕문이라 명명	각자 (입덕문, 탁영대)
제4곡	叩馬汀曲	산청군 시천면 사리 마근담 시내가 덕천강과 만나는 곳, 백미가 주 무왕의 말고삐를 잡고 간언한 곳(산천재 동편에 수양산이 있어 생긴 설화로 청렴한 사람의 은거지)	백사장 (훼손)
제5곡	山天齋曲	산청군 시천면 사리 산천재가 있던 곳, 남명이 61세 이후 은거하여 장수藏修하던 곳	산천재
제6곡	醉醒亭曲 (德川書院)	산청군 시천면 원리 덕산중고등학교 앞 시냇가 정자, 남명의 후학들이 남명 정신을 기리고 계승하던 장소	취성정 (훼손, 세심정 만 있음)
제7곡	送客亭曲	산청군 삼장면 덕교리 덕교마을 시냇가 정자, 남명이 문인 오건을 전송하던 곳	송객정 터
제8곡	面傷村曲	산청군 삼장면 평촌리 명상마을, 남명의 문인 오건이 술에 취해 얼굴에 상처를 입은 곳	마을
제9곡	大源寺曲	산청군 삼장면 유평리 대원사 앞 계곡, 남명이 찾은 장항동으로 후대 도의 근원지로 인식	사찰, 계곡

흩어버리고 도陶라는 곳으로 도망가 스스로 '도주공'이라 칭하였다. 후대에는 '숨어 은거하는 사람'을 지칭하는 말로 쓰였다.

이제신은 의령 출신으로 21세 때 성균관에 입학하여 김범金範 등과 교유하였으며, 인종仁宗이 세자로 있을 적에 그의 명성을 듣고 만나보고 싶어 했던 인물이다. 이제신은 인종이 별세한 뒤 심상心喪 삼년복을 입었고, 매년 인종의 기일이 되면 의관을 정제하고 하루 종일 홀로 앉아 말없이 흐느끼며 한숨을 쉬었다고 하니, 전라도 장성의 김인후金麟厚가 인종의 기일이 되면 산에 올라 하루 종일 통곡하였다는 일화와 유사하다. 이들은 모두 인종을 주군으로 받들며 새로운 세상을 꿈꾸었는데, 인종이 갑자기 세상을 떠나고 사화가 일어나자, 벼슬에 나아가길 단념하고 초야에 은둔한 사람들이다.

이제신은 1544년 김해 산해정으로 남명을 찾아가 문인이 되었고, 남명이 거주지를 옮기면 따라가 인근에 살며 학문을 강론한 제자이다. 남명이 산천재로 이주하자, 이제신은 인근 고마정에 와서 살며 하루가 멀다 하고 스승을 찾아가 강론하였다.

이제신은 후에 도구대 근처 마을에 정착하였는데, 그가 살던 곳은 남명이 살던 덕산으로 들어가는 협곡의 입구에 위치하니, 덕산구곡의 제1곡으로 설정해도 전혀 손색이 없다. 또한 이곳은 수양검음의 입구에 해당하기 때문에 지형으로 볼 적에도 제1곡으로 적격이다. 남명의 문인이 남명의 도학을 흠모하여 스승을 따라와서 우거하던 곳, 그곳이 바로 덕산구곡 제1곡인 도구대곡이다.

제2곡 백운동곡白雲洞曲

　백운동곡은 백운동 골짜기의 물줄기를 의미한다. 백운동 계곡의 시내는 도구대 아래 태연으로 흘러드는 백운천 계곡을 가리킨다. 백운동 계곡의 시내는 덕천강의 지류이지만, 덕산구곡의 한 물굽이로 삼는 데에는 전혀 문제가 없다. 조선 시대 설정한 구곡에도 그런 사례가 있으니, 18세기 초 장위항張緯恒이 현 영주시 평은면 내성천 변에 설정한 운포구곡雲浦九曲의 제3곡 용추곡龍湫曲은 내성천 본류가 아닌 지류에 있다.

　백운동은 경상우도 지역에서 보기 드물게 하얀 화강암 암반이

백운동곡(94×60cm, 이호신 作)

드러나 있어 수석이 아름답다. 이곳은 '흰 구름(白雲)'의 백색에 '하얀 바위(白石)'의 백색이 더해지고 시내에서 튀어 오르는 '하얀 물방울(白玉)'의 백색이 더해져서, 세 가지 백색 이미지를 갖춘 명승이다. 남명은 이 계곡을 특별히 사랑하여 세 차례나 찾았다고 한다.[38]

남명이 백운동을 유람하며 지은 다음과 같은 시가 한 수 전한다.

천하의 영웅들이 부끄럽게 여길 만한 점은,	天下英雄所可羞
장량의 일생 노력 유留에 봉해진 데 있네.	一生筋力在封留
청산에는 무한히도 봄바람이 불어오지만,	靑山無限春風面
동서로 정벌해도 다 평정할 수가 없다네.[39]	西伐東征定未收

바위도 하얗고, 물방울도 하얗고, 구름도 하얀 이 백운동에 와서 남명은 일생의 사업을 생각하며 이 시를 지은 듯하다. 『춘추』에는 이 세상에 썩지 않는 영원한 일로 '입덕立德·입공立功·입언立言'을 말하였다. 입덕은 성현들처럼 덕을 수립하여 세상 사람들에게 그 덕화를 미치는 것이고, 입공은 국가와 사회를 위해 이순신 장군처럼 큰 공적을 세우는 일이고, 입언은 사마천이나 두보처럼 시문을 남겨 세상 사람들에게 감동을 주는 것이다.

한 고조를 도와 천하를 통일하는 데 공을 세운 장량張良은 유후留侯에 봉해졌으니, 한 나라에 큰 공을 세운 인물이다. 남명은 백운동을 노닐며 장량을 떠올렸다. 세상에 나아가 공을 세워야 장량처럼 되는 데서 그친다. 이 세상은 너무 넓어서 다 정벌할 수가 없으니, 영웅호걸도 이룰 수 없는 일이다. 그렇지만 청산靑山에는 봄바람이 끝없이 불어오니, 그것은 변치 않는 자연의 이치이다. 남명은 '청산'과 '장량'을 대비시키며, 장량처럼 살기보다는 청산처럼 살기를 희망한다. 그것은 타고난 본성을 해치지 않고 어진 덕을 온전히 보존하며 깨끗하게 사는 삶을 의미하니, 그가 평생 추구한 천덕天德을 노래한 것이다. 이것이 바로 덕산구곡 제2곡인 백운동곡의 실체로서, 남명의 유적이 있는 곳일뿐더러 남명의 도학 정신을 잘 드러내 주고 있는 장소이다.

한말 이 지역에 살던 최숙민崔琡民은 백운동을 유람하면서 남명의 「백운동」 시에 차운하여 다음과 같이 노래하였다.

맑은 시내 하얀 반석 또한 부끄러운 것 없구나,	淸溪白石也無羞
천 년 동안 남명 선생의 발자취가 남아 있다네.	千載冥翁轍跡留
운무에 덮여 해를 입지 않고 깊이깊이 숨겨두어,	不妨雲氣深深鎖
산 밖의 속된 기운이 오래도록 들어오지 못했네.[40]	山外腥塵久未收

'맑은 시냇물'과 '하얀 반석'은 속세의 때가 묻지 않은 청정함을 상징하니, 이 세상에 부끄러운 것이 없다. 그것은 곧 태초의 마음이고, 사람의 본성이다. 최숙민은 남명이 추구한 한 점 부끄러움도 없는 진실한 경계를 떠올리며 백운동의 청정함을 노래하였다.

백운동 입구 삼거리에서 왼쪽 골짜기는 백운동이고, 오른쪽 언덕으로 난 길은 단성면 입석리로 가는 도로이다. 이 길을 따라 400미

터쯤 올라가면, 야트막한 길가 언덕에 남명이 손수 심었다는 소나무가 있었는데, 후인들이 이를 '남명송南冥松'이라 불렀다. 이 소나무는 그 위용이 곧고 빼어나서 백운동을 찾는 사람들은 이 소나무를 바라보면서 남명의 기상을 상상하였다고 한다. 그런데 안타깝게도 이 남명송은 근대 어떤 사람이 베어버려 지금은 그 모습을 떠올릴 수 없다. 참으로 애석한 일이다. 사람이 어리석으면 이런 짓을 하여 문화를 말살한다.

한말 이 인근에 살던 조성가趙性家는 「남명 선생이 손수 심은 소나무」라는 제목으로 다음과 같은 시를 지었다.

남명 선생이 당시 이 백운동을 찾아오실 때,	冥翁當日此山尋
손수 심은 소나무 지금 백 척으로 장대해졌네.	手種松今百尺森
뿌리 서린 깊은 굴에선 용이 기운을 토하는 듯,	根蟠邃窟龍嘘氣
창공까지 솟은 가지에선 학이 울음소리 내는 듯.	枝拂蒼空鶴送音
삼동에도 변치 않는 문정공[41] 같은 절개 빼어나니,	挺如文定三冬節
도연명처럼 평생 은거하려는 마음으로 어루만지네.	撫以淵明百歲心
이 소나무 지금까지 사람들의 사랑을 받고 있으니,	此樹尙爲人愛惜
남명 선생 풍도와 여운 내 마음 상쾌하게 하네.[42]	先生風韻爽余襟

이 시를 보면, 남명송은 '하늘로 솟아 백 척이나 된다'고 하였으니, 함양군 마천면 벽송사의 벽송碧松처럼 장대한 소나무였던 것으로 추정된다. 또 이도복李道復이 지은 시에 "길가에 서려 있는 소나

무 늠름하여 풍도가 있는데, 내 와서 구름 속까지 뻗은 가지를 까마득히 우러르네."[43]라고 하였으니, 길가에 뿌리가 서려 있고 높이 하늘로 솟아 있는 소나무로 여겨진다. 이 소나무 주변에는 단壇이 있어서 '송단松壇'이라 불렀다. 사람들은 이 소나무를 보면서 남명의 늠름한 풍채와 천인벽립千仞壁立의 기상을 떠올렸다.

백운동곡은 남명이 세 번이나 직접 찾은 곳이고, 또 시를 남긴 곳이며, 손수 심은 소나무가 있어 후인들이 남명의 정신과 기상을 우러러 상상하던 곳이다.

제3곡 입덕문곡入德門曲

입덕문곡은 도구대에서 덕산으로 들어가는 협곡의 중간 지점 덕천강 강가에 있는 물굽이를 말한다. 이곳은 '수양검음首陽黔陰'이라 불리는 기다란 협곡의 중간 지점으로, 우뚝한 바위가 강가로 불쑥 나와 관문처럼 생긴 곳이다. 지금은 바위 언덕을 깎아 도로를 내서 그 원형을 찾아볼 수 없다. 다만 절개한 부분의 산세를 상상해 보면, 대강 옛날 모습을 연상할 수 있다.

'입덕문入德門'이라는 글씨는 정인홍의 문인 배대유裵大維가 쓴 것이다. 배대유는 영산靈山 출신으로 문과에 급제하여 승지 등을 역임하였다. '입덕문'이 새겨진 바위는 덕천벼리(덕천천)에 우뚝 솟아 있었다고 하는데, 일제강점기 도로를 내면서 바위가 파손되었다.

근래까지 예전 바위에 새겨진 '입덕문' 각자 부분을 떼어내 도로

입덕문곡(94×60cm, 이호신 作)

옆에 옮겨 놓은 것으로 알려져 왔다. 그러나 이수안李壽安의 아들 이현덕李鉉德이 1941년에 지은 「후두류시後頭流詩-입덕문」(『정산집晶山集』)의 주에 "입덕문은 남명 선생이 이름을 붙인 것이다. 배낙천裴洛川(배대유)이 쓴 각자가 있었다. 지금은 새 길을 내느라 그 바위를 두드려 쪼개버렸고, 겨우 다른 돌에 모사해 옮겨 놓아 옛날의 그 경관을 완전히 잃어버렸다."[44]라고 한 기록으로 보아, 각자를 탁본해 다른 돌에 새겨 놓은 것이었음을 알 수 있다. 그런데 1980년대 초 다시 도로를 확장하면서 도로 옆 절벽에 모사해 새긴 '입덕문' 각자가 있는 바위를 떼어다가 지금의 자리로 옮겨 놓았다.

'입덕入德'이란 송나라 때 정자程子가 '『대학』은 덕으로 들어가는 문과 같다'고 한 데에서 취한 것으로, 남명이 '도덕의 세계로 들어가는 관문'이라는 의미로 붙인 이름이다. 후대 이동백李東白은 "덕으로 들어가는 문은 이 입덕문 같으리니, 시냇물이 산 밑의 깊은 근원에서 솟아나네. 선생이 떠나신 뒤에도 문은 그대로 남았으니, 『대학』의 공부[45]를 이곳에서 논할 수 있구나."[46]라고 노래하여, 입덕문에서 '입덕문'이라 명명한 의미를 되새기는 시를 남겼다.

입덕문 바로 옆에 윗면이 평평하여 앉아 쉴 수 있는 바위가 있는데, 그 바위 옆면에 '탁영대濯纓臺'라는 각자가 있다. 이 각자는 후대 사람이 새긴 듯한데, 어떤 인물이 새겼는지는 전하는 기록이 없다. '탁영濯纓'이란 말은 중국 고대 민요 「창랑가滄浪歌」의 "창랑의 물이 맑으면 나의 갓끈을 씻을 것이고, 창랑의 물이 탁하면 나의 발을 씻을 것이다."라는 구절에서 취한 것으로, 여기서는 '갓끈을 씻을 수 있을 정도로 물이 깨끗하다'는 의미를 붙인 것이다. 즉 혼탁한 물이 흐르는 속세와 단절된 '청정한 도덕의 세계'가 그 안에 있음을 상징하는 말이다.

탁영대

입덕문을 경유해 덕산으로 들어가는 덕천벼리는 하진달河鎭達이 "두 산이 마주하고서 이 문을 열어놓은 듯하니, 벼랑 따라 난 벼리길 그래도 수레가 갈 수 있네."[47]라고 하고, 하달홍河達弘이 "해 저

물어 허공에서 바람이 부는데, 수레를 몰고서 입덕문으로 들어가네."[48]라고 읊은 시를 통해 볼 때, 수레가 통행할 수 있는 벼랑길이었음을 알 수 있다.

박경가朴慶家는 정종로鄭宗魯의 문인으로 고령에 산 학자인데, 남명의 유적지를 찾아와서 입덕문에 이르러 다음과 같이 감회를 읊었다.

방장산은 신선과 진인들이 사는 곳,	方丈仙眞宅
산천재는 도덕이 무성한 숲 같은 곳.	山天道德林
협곡으로 흐르는 시내 바위틈에 울리고,	溪穿巖竇響
소나무 많은 동구 관문 그늘이 드리웠네.	松掩洞關陰
이 입덕문 안쪽으로 들어갈 수 없으면,	不得其門入
우리 도가 그렇게 깊은 줄을 누가 알리.	誰知斯道深
보배로운 거문고 소리 지금 이미 끊기어,	瑤徽今已斷
천고의 세월 그 음을 아는 사람 적구나.[49]	千古小知音

박경가는 남명이 살던 산천재를 '도덕이 무성한 숲'으로 비유하여 '도학의 본산'이라 생각하며, '입덕문 안으로 들어가야 유교의 도가 얼마나 깊은 줄 알 수 있다'고 하였다. 자연의 지형을 보면서 도학의 깊은 경지를 떠올린 것이다. 고령에 살던 고령박씨 중에는 정인홍의 문인으로 임진왜란 때 창의한 박정번朴廷璠이 있으니, 문중에서 남명에 대해 전해 들은 이야기가 있어서 박경가가 덕산을 찾

았을 것이다.

이우빈李佑贇은 남사마을에 살던 성주이씨로 재종조 이지용李志容에게 수학한 인물이다. 그는 입덕문을 다음과 같이 노래하였다.

남명 선생 사시던 곳이 이 골짜기 안에 있어,	夫子宮墻在此間
입덕문이라 명명한 문에서 태산처럼 우러르네.	門名以德仰如山
후생의 발걸음이 이 입덕문에 당도한 날에는,	後生跋躄登來日
몽교관에서 선생의 성성자 소리 생생히 들리리.[50]	宛聽惺惺是覺關

주자는 『대학』 팔조목을 풀이하면서 "격물格物은 몽교관夢覺關이고, 성의誠意는 인귀관人鬼關이다. 이 두 관문을 지나면 그 이상의 공부가 일절一節을 마친 것처럼 한 절이 쉬워진다."[51]라고 하였다. 팔조목 중 격물格物·치지致知는 진리를 탐구하여 아는 지知이고, 성의誠意·정심正心·수신修身은 그 앎을 통해 몸과 마음을 바르게 닦는 행行이고, 제가齊家·치국治國·평천하平天下는 이를 통해 이룩한 덕을 가족과 나라 사람들과 온 세상 사람들에게 미쳐 나가는 것이다.

격물치지의 지知는 도리道理·사리事理·물리物理 등 이치를 탐구하고 의리를 발명하는 것이다. 세상의 합리적이고 마땅한 이치를 알지 못하면 혼몽한 꿈속과 같은 인식을 하고, 이치를 밝게 알면 꿈에서 깨어나 분명하게 사물을 인식하는 것과 같기 때문에 몽교관이라 한 것이다. 또 마음속에서 싹튼 생각을 선으로 꽉 채워 악으로 빠지지 못하게 하는 것이 성의이니, 그렇게 하면 사람다운 사람이 되고, 그렇게 하지 못하면 귀물鬼物이 된다는 뜻으로 인귀관이라 한 것이다.

이우빈은 '입덕문'이라는 명칭을 통해 '세상의 이치를 올바로 알지 못하고 술에 취해 꿈속에서 헤매는 듯한 의식으로 살 것인가, 아니면 이치를 올바로 알아 깨어 있는 의식으로 살 것인가'를 떠올리며 몽교관에서 남명의 성성자 소리를 듣고 깨어나기를 바란 것이다. 이것이 바로 입덕문곡의 장소적 의미이다. 우리는 입덕문에서 이렇게 생각해야 한다. 이 세상의 이치를 바로 인식하고 있는지, 아니면 자신의 편견에 가려 치우친 생각을 하고 있는지.

세상 사람들은 날이 갈수록 더욱 치우친 생각을 하고 있다. 아득한 꿈속에서 헤매듯 제멋대로 상상의 날개를 펴고 가짜뉴스를 퍼뜨리고 있다. 그러므로 세상이 더욱 혼탁해지니, 이 입덕문에 찾아와 그 위의 상류에서 맑은 물이 흘러내리는 것을 보며 자신의 속된 때를 씻어내고, 올바른 이치를 바르게 아는 참된 지식인으로 살고자 하는 마음을 가져야 한다. 그것이 남명이 당시 사람들에게 바랐던 마음이고, 지금 우리가 입덕문에서 가져야 할 마음이다.

조선 후기 조희규曺禧奎는 입덕문 옆 탁영대 위에서 덕산에서 흘러내리는 덕천강의 물을 바라보며 그 물이 흘러나오는 원류를 떠올렸으니, 곧 남명학을 도학의 원류로 생각한 것이다. 그가 지은 시는 다음과 같다.

덕으로 들어가는 문 깊숙이 한 가닥 길 뚫렸는데,　　入德門深一路開

흐러가는 냇물 바라보고 원두의 활수를 돌아보네.	俯觀流水活源回
남명 선생의 고상한 자취를 탐방하려 하는데,	欲訪先生高蹈躅
맑은 바람이 탁영대 위로 시원하게 불어오네.[52]	淸風灑灑濯纓臺

작자는 덕천강의 물을 '원두源頭에서 흘러나오는 활수活水'로 표현했다. 그 강물은 지금도 여전히 흘러내리고 있으니, 아직도 덕천강에는 도학의 원류가 흘러내린다는 것을 알 수 있다. 지금은 이 탁영대에 와서 그런 생각을 하는 사람이 거의 없다.

탁영대 위에서 지은 시도 많이 남아 있는데, 곽종석이 지은 시는 다음과 같다.

나는 창랑의 물길을 따라 올라와서,	我從滄浪來
길을 가다 탁영대를 만나게 되었네.	行逢濯纓臺
대 위에는 소나무가 바람에 소리 내고,	臺上松吟風
대 아래는 티 없이 맑은 냇물 흐르네.	臺下水絶滓
대 위의 소나무 가지에 갓을 걸어놓고,	掛冠臺上松
대 아래의 깨끗한 물에 갓끈을 씻네.	濯纓臺下水
고인은 볼 수가 없으니,	古人不可見
갓끈 씻은 뒤 마음 도로 서글퍼지네.	濯罷心還醒
다시 위로 근원을 찾고자 하니,	更欲尋源上
이 위에 세심정이 있기 때문일세.[53]	上有洗心亭

이 시의 '고인'은 남명을 가리키는 것이리라. 갓끈을 씻은 것은 물이 맑기 때문이고, 물이 맑은 것은 그 위의 원두에서 활수가 흘러내리기 때문이다. 그것은 곧 남명의 도학을 상징한다. 그래서 시인은 다시 근원을 찾고자 하니, 그 근원은 곧 덕천서원 세심정洗心亭을 가리킨다. 세심정이라는 명칭이 비록 남명의 후학이 붙인 이름이지만, 그것은 남명을 제향하는 덕천서원을 상징하니, 곧 남명의 도학을 근원으로 생각한 것이다.

제3곡 입덕문곡은 이치를 올바로 알아 깨어 있는 인식을 하는 곳이며, 그 옆의 탁영대는 도학의 원류가 흐르는 강의 상류를 바라보며 나의 마음을 맑게 정화하던 곳이다.

제4곡 고마정곡叩馬汀曲

고마정곡은 마근담에서 흘러내린 시내가 덕천강과 만나는 지점의 백사장이 있었던 물굽이를 말한다. 고마정은 백이伯夷·숙제叔齊가 주나라 무왕武王이 은나라 주왕紂王을 무력으로 정벌하려 하자, '말고삐를 붙잡고 무력 정벌을 말린 백사장'이라는 뜻으로 붙인 이름이다. 마근담 계곡 동쪽에 수양산首陽山이 있어서 이런 설화가 생겨난 듯하다.

장석신張錫藎이 지은 「두류록頭流錄-고마정叩馬汀」에는 "수양산 아래 사륜동 남쪽에 고마정이 있다. '고마叩馬'라는 뜻도 상세하지 않지만, 이는 모두 한녹사韓錄事(한유한)를 가리켜 말한 것이다. 초야

고마정곡(94×60cm, 이호신 作)

에 전하는 설에 '한녹사가 이곳에 은거했는데, 조정에서 그를 부르는 윤음綸音이 내려왔다. 한녹사는 그 소식을 듣고 후문을 박차고 도망쳐 이 모래톱에 이르렀다. 그러므로 이곳을 '고마정'이라 하고, 그가 살던 동네를 '사륜동絲綸洞'이라 부른다'라고 한다."[54]라고 하였다.

이런 고사에 의하면, 고려 무신 집권기에 한유한韓惟漢이 개성에서 가족을 이끌고 이곳에 은거하였는데, 그를 관직에 임명하는 임금의 명이 내려왔기 때문에 '사륜동'이라는 명칭이 생겨났고, 그가 백이·숙제처럼 숨어 살았기 때문에 '수양산'이라는 명칭이 생겨났으며, '수양산'이라는 명칭 때문에 어떤 호사가가 백이·숙제의 고사를 끌어다가 '고마정'이라는 이름을 붙인 듯하다. 백이·숙제는 B.C.1010년경에 수양산으로 들어갔고, 한유한은 12세기 고려 무신 집권기에 지리산에 은거하였으니, 대략 2천 년의 시간적 거리가 있다.

한말 이곳을 유람한 장석신은 "무왕 신하들은 말고삐를 잡고 간하는 백이를 벌하려 했는데, 강태공만은 그날 백이가 의로운 사람임을 알아보았네. 이곳은 무왕이 제후들과 맹세한 맹진[55] 나루가 아니니, 우리나라 호사가들이 제멋대로 지어내서 부른 명칭이리."[56]라고 하여, '고마정'이라는 명칭에 대해 호사가가 제멋대로 붙인 것이라고 일축하였다. 안익제安益濟는 "잘 모르겠네, 고려 시대 이곳에 은거한 한녹사, 무슨 명분 절개가 있어 백이와 같이 평하는지."[57]라고 하여, 한유한을 백이·숙제에 비유한 것조차 의심하였다.

이러한 시구를 통해 볼 때, '고마정'이라는 명칭은 '백이·숙제가 말고삐를 붙잡고 간언한 곳'이라고 보기보다는, '수양산'이라는 명칭이 있기 때문에 어떤 호사가가 이와 연관하여 고사를 끌어다 붙인 지명으로 보는 것이 타당할 것이다.

이러한 장소적 이미지는 후대 사륜동에 이주해 살던 남명과 무관하지 않다. 남명이 이곳에 은거할 때 임금이 그를 부르는 소명이 몇 차례 내려왔다. 또한 남명의 처세 방식이 백이·숙제와는 달랐지만, 후대 남명의 풍도를 듣는 사람은 청렴을 떠올리게 되었으니, 맹자가 성지청자聖之淸者로 칭송한 백이·숙제와 동질성을 갖는 측면이 있다. 이런 점에서 고마정곡은 '청렴한 사람이 은거한 곳'이라는 이미지를 강조하는 장치로, '남명의 도학'을 상징하는 덕산구곡에 포함해도 어색하지 않다. 이것이 덕산구곡 제4곡인 고마정곡의 실체이다.

제5곡 산천재곡 山天齋曲

산천재곡은 덕천강의 지류가 굽이돌아 흐르던 산천재 옆의 물굽이를 가리킨다. 남명이 은거할 당시 시냇가에 '상정橡亭'이라는, 대들보가 없는 작은 정자를 지었다고 한다. 실제로 불과 40년 전까지만 해도 산천재 담장 밑으로 덕천강의 지류가 흐르고 있었고, 지류

산천재곡(94×60cm, 이호신 作)

와 본류 사이에는 넓은 삼각주의 자갈밭이 펼쳐져 있었다.

무이구곡이 그렇듯, 구곡의 제5곡은 그곳에 은거한 주인공이 거주하던 곳으로, 그 구곡의 중심에 해당한다. 예컨대 도산구곡의 제5곡은 도산서당이 있는 탁영담濯纓潭이고, 무이구곡의 제5곡은 무이정사武夷精舍 앞의 물굽이이다. 산천재는 남명이 만년에 천왕봉을 도반으로 삼아 천인합일을 지향하던 곳이니, 덕산구곡의 제5곡으로 삼는 것에 대해서는 이론의 여지가 없다.

남명은 모친상을 마치고 고향 삼가에 계부당과 뇌룡정을 짓고 살았는데, 본가에서 가까울뿐더러 외가가 있는 마을이다. 또한 이 시기에는 배우러 찾아오는 문인들이 많아 수용할 공간이 부족할 정도였으며, 개인적으로는 후취부인을 얻어 슬하에 3남 1녀를 두었으니 비교적 생활이 안정된 시기라 할 수 있다. 그런데 남명은 왜 61세의 노년에 지리산 깊은 산골로 이사를 한 것일까?

이 질문에 대한 답은 그가 덕산으로 이주할 때 지은 「덕산복거德山卜居」라는 시에 "봄 산 어느 곳엔들 향기로운 풀이 없겠는가마는, 〈내가 이곳으로 이주한 이유는〉 천왕봉이 상제 사는 곳에 가까움을 사랑하기 때문.(春山底處無芳草 只愛天王近帝居)"이라고 한 데서 찾을 수 있다. 이 「덕산복거」는 지금 산천재 기둥에 걸려 있다. 남명은 덕산으로 이주한 이유를 '천왕봉이 상제가 사는 곳에 가까이 다가가 있음을 사랑하기 때문'이라고 하였으니, 천왕봉 때문에 덕산으로 이사한 것을 알 수 있다.

그렇다면 남명은 왜 천왕봉을 사랑한 것일까? 유학에서의 '하늘'

산천재

은 '만물의 주재자'이며 '만물의 근원'에 해당한다. 하늘은 음양오
행으로 만물을 화생化生할 적에 기氣로써 형체를 이루고 리理를 또
부여한다. 『중용』 첫머리에 "하늘이 모든 생명체에게 명한 것을 성
性이라 한다.(天命之謂性)"고 한 것이 바로 이를 말한다. 그런데 유가
에서 말하는 천天은 천지를 창조했다고 하는 서양의 신神과는 다르
다. 천도天道는 만물을 낳고, 지도地道는 만물을 길러주는데 사람이
인도人道를 극진히 하여 천도에 배합하면 천도·지도와 나란히 그와
같은 역할을 할 수 있다. 이것이 바로 『중용』에서 말한 "중화中和를
극진히 하면 천지가 제자리를 잡고, 만물이 그 안에서 화육된다.(致
中和 天地位焉 萬物育焉)"라고 한 말이다. 이러한 경지를 천인합일天人
合一이라 한다.

『중용』은 사람이 인도를 극진히 하여 천도와 하나가 되는 것을 가르친 공자의 말씀을 위주로 한 것이다. 남명이 하늘에 닿을 듯이 솟아 있는 천왕봉을 사랑하여 이주한 것은 천왕봉을 도반으로 삼아 천인합일의 경지에 몸소 이르고자 한 것이다. 이는 곧 성인이 되는 학문을 완성하고자 하는 높은 지향을 의미한다.

『중용』에 "성誠은 하늘의 도이고, 자신을 성되게 하는 것은 인간의 도이다.(誠者 天之道也 誠之者 人之道也)"라고 하였다. 성誠을 천도라고 한 것은 리理의 측면에서 말한 것이다. 이를 사람의 심心의 측면에서 말하면 '참된 것으로 가득 차 조금도 망령된 생각이 없는 경지'인 진실무망眞實無妄의 본성이 된다. 이 성誠의 경지가 바로 유학자들이 추구한 천인합일의 경지이며, 이를 위해 경敬을 바탕으로 한 온갖 공부를 한다.

남명은 천왕봉을 통해 천인합일의 경지에 이르는 공부를 만년에 완성하고 싶었다. 즉 눈으로 보고 귀로 들을 수 있는 대상이 있어야 실질적으로 가능하다. 이런 공부를 상상만 하면 자칫 공허한 데로 빠지기 쉬우므로 도반이 필요한 것이다. 그래서 남명이 택한 도반은 하늘에 닿을 듯이 솟아 있는 천왕봉이었다. 공자는 늘 하늘에 닿은 듯한 태산을 바라보며 그 정상에 오르기를 꿈꾸었다. 그래서 결국 그 정상에 올라 하늘과 하나가 되었다. 마찬가지로 이런 지향을 한 인물이 남명이다.

남명은 덕산으로 이주하여 정사를 짓고 '산천재山天齋'라 이름을 붙였다. 이는 외괘外卦가 산山이고 내괘內卦가 천天인 『주역』의 산

산천재 현판

천山天 「대축괘大畜卦」에서 '산'과 '천'을 취해 붙인 것이다. 그런데 남명이 이 이름을 붙인 데에는 나름의 의도가 있었다. 그것은 「대축괘」 괘사卦辭에 "강건하고 독실하고 빛나게 해서 날마다 그 덕을 새롭게 한다.(剛健篤實輝光 日新其德)"라는 문구가 자신의 지향에 맞았기 때문이다. 이를 통해 보면, 남명이 덕산으로 들어간 궁극적인 이유는 날마다 자신의 덕을 새롭게 하기 위해서였음을 알 수 있다. 그것은 곧 성誠을 추구한 것이고, 그러기 위해 천왕봉이라는 도반이 필요했다.

이처럼 남명은 61세 때 자신의 공부를 완성하기 위해 거처를 옮기고 의지를 새롭게 하였다. 이 나이가 되면 누구나 공부는 하지 않고 설교만 하기를 좋아한다. 그런데 남명은 이와 달리 설교보다는 공부를 완성하는 데에 뜻을 두었다. 이는 마치 공자가 14년 동안 천하를 주유하고 돌아와 68세부터 임종할 때까지 5년 동안 육경六經을 저술한 것과 유사하다.

산천재를 찾는 사람들은 '산천재'라는 이름이 『주역』에서 취한 것이라는 점만 알아서는 안 된다. 남명이 새로운 의지를 다졌듯이, 이제부터라도 마음을 진실하게 하는 공부를 하려고 다짐해야 한다. 그렇지 않으면 산천재를 찾아와도 남명을 만나지 못하고 건물만 구경하고 돌아가게 된다. 껍데기만 보고 그 안에 찬란히 빛나는 보배를 보지 못하면 그것은 헛걸음한 것이나 다름없다. 그러므로 제5곡 산천재곡의 실체는 바로 '날마다 나의 덕을 새롭게 하자'라는 슬로건에 있다고 해도 과언이 아닐 것이다.

제6곡 취성정곡醉醒亭曲

취성정곡은 중산리에서 흘러내린 시천矢川과 대원사 계곡에서 흘러내린 시내가 합류하는 곳 인근의 물굽이를 말한다. 두 물줄기가 합류하는 곳을 옛날에는 '합연合淵'이라 불렀다. 깊은 못이 형성되어 있었고, 밤에는 어부들이 환히 불을 밝히고 고기잡이하였다고 한다. 이 합류 지점에서 덕천서원 쪽으로 수십 보 지점의 시냇가에 남명의 후학들이 세운 취성정이 있었다. 그리고 그 위쪽에 세심정洗心亭이 있었다. 취성정은 지금 그 흔적을 찾을 수 없고, 서원 앞에 세심정만 서 있다.

세심정

세심정은 1582년 유종일柳宗日이 산천재 앞 상정橡亭을 본떠 지
은 세 기둥의 초정草亭이었다. '세심정'이라는 이름은 남명의 문인
하항河沆이 『주역』「계사전」의 "성인이 이런 뜻을 가지고서 마음을
씻고 은밀한 데로 물러나 살며, 길흉에 대해 백성들과 더불어 걱정
을 함께하여 신묘함으로써 미래의 일을 알고 예지로써 지나간 일을
간직한다."[58]라고 한 데에서 취한 것이다. '세심'은 손발을 씻는다는
뜻이 아닌데, 이런 뜻을 모르고서 몸을 씻는 것에 비유하여 '탁족이
나 하기 좋은 장소'로 생각하는 사람이 있다.

본디 세심정 자리는 남명의 문인 최영경崔永慶이 와서 노닐던 곳
이고, 하응도河應圖의 집이 있던 곳이다. 『덕천서원지德川書院誌』에

의하면, 1582년 정자를 지어 '풍영風詠하고 유식遊息하는 장소로 삼았다'고 하였다. '풍영'은 공자의 제자 증점曾點이 "기수沂水에서 목욕하고, 무우舞雩에서 바람을 쐬고, 시를 읊조리며 돌아오고자 합니다."[59]라고 한 데에서 취한 것으로, 자연의 이치에 동화되는 삶을 말한다.

흔히 서원의 구조를 말할 적에 장수藏修 공간은 강당과 서재로, 유식遊息 공간은 정자나 문루로 설명한다. '유식'은 '밖으로 나와 휴식한다'는 뜻이지만, 오늘날 '휴식'의 의미와는 사뭇 다르다. 유식은 그냥 쉬는 것이 아니고, 밖으로 나가 거닐거나 소요하면서 사색하거나 자연의 이치를 관찰하는 것이다. 유식 공간의 이름을 '세심정'이라 하였으니, 자연의 풍광을 바라보며 마음을 깨끗이 정화하는 사색의 공간이다. 이를 오해하여 다리를 쭉 뻗고 앉아 잡담이나 하는 곳으로 착각해서는 안 된다.

세심정은 1582년 창건할 때 하항이 붙인 이름인데, 얼마 뒤 덕천서원 창건을 주도한 최영경이 취성정醉醒亭으로 바꾸었다. '취성'이란 굴원屈原의 「어부사漁父辭」의 "온 세상 사람들이 모두 혼탁한데 나만 유독 깨끗하고, 대중들이 모두 취하였는데 나만 유독 깨어 있었네."[60]에서 취한 것으로, 온 세상 사람들이 혼몽하게 취해 있더라도 나만은 또렷하게 깨어있어야 한다는 남명 정신을 드러낸 것이다. 남명은 성성자惺惺子를 허리춤에 차고 다니며 마음이 혼몽한 상태에 빠지는 것을 경계하였는데, 최영경이 이 점을 중시하여 '취성정'이라 한 것이다.

취성정곡(94×60cm, 이호신 作)

　이 세심정은 1597년 정유재란 때 불에 탔다. 임진왜란이 끝난 뒤 1611년 사우를 증축하면서 전에 사용한 목재를 가져다 취성정을 새로 지었다.[61] 그런데 『덕천서원지德川書院誌』 「창건사실創建事實」에 실린 이익운李益運의 「풍영정기風詠亭記」에는 "임진왜란이 끝난 뒤 서원을 새로 중수할 적에 입덕문 서쪽의 세심정 터 북쪽에 취성정을 새로 지었다. (중략) 그 취성정이 무너져 후손 조용완曺龍玩과 사림이 함께 중수하고 이름을 풍영정風詠亭으로 바꾸었다."[62]라고 하였으니, 1611년 중건한 취성정은 세심정 터에 지은 것이 아니고 그 북쪽으로 옮겨 지은 것이다.

　또한 하진현河晉賢이 취성정에서 지은 시를 보면 "취성정은 세심정에 가까워 죽은 벗이 생각나고, 문은 입덕문으로 통하여 후세 현인 계도하네."[63]라는 문구가 있으니, 세심정과 취성정은 독립되어 나란히 있었음을 알 수 있다. 그 후 취성정을 중수하지 못하다가 1815년 비로소 중건하여 이름을 '풍영정'으로 바꾸었다. 이 시기는 남명학파가 와해하여 학문이 극도로 침체했던 때이다.

취성정은 덕천서원의 경내에 있던 유식하던 장소이므로, 제6곡 취성정곡은 덕천서원 전체를 포괄하는 장소적 의미를 지닌다.

제7곡 송객정곡送客亭曲

송객정곡은 삼장면 덕교리 덕교마을에 있었던 송객정 앞 시내 물굽이를 말한다. 『남명선생편년』에 의하면, 1564년 7월 남명이 산천재에서 10리 떨어진 진교陳橋까지 나아가 오건吳健을 전별하였는데, 후인들이 그 시냇가에 있던 나무를 '송객정'이라 불렀다고 한다.[64] 오건은 1558년 문과에 급제하여 이듬해 성주훈도가 되었고, 1564년 성균관 학유에 제수되었는데, 상경하기 전에 남명을 찾아온 듯하다.

송객정은 본디 정자가 아니고 남명이 오건을 전별하던 시냇가 큰 녹나무(楠)를 가리키는 명칭이었는데, 19세기 후반 어떤 사람이 그곳에 정자를 지음으로써 비로소 명실상부한 송객정이 생겨났다. 그런데 지금은 그 흔적을 찾아볼 수 없다. 송객정이 있던 자리는 현 산청군 삼장면 덕교마을 앞 정자나무가 있는 자리로 추정되는데,

송객정곡(94×60cm, 이호신 作)

지금 그 자리에는 '파구정破寇亭'이라는 각자가 새겨진 빗돌과 이름
이 없는 쉼터 공간의 정자가 있다.

19세기 경상우도 학자들은 대원사를 유람할 적에 이곳을 지나
면서 남명과 오건 사이의 아름다운 고사를 회상하였고, 당대에 태
어나 남명의 제자가 되지 못한 것을 한스럽게 여겼다.

계해정변 이후로 남명학파가 침체했던 19세기 전반까지는 남명
의 만년 은거지인 산천재도 복원하지 못하였으니, 송객정에 관심을
가진 사람이 없었을 것이다. 그러다 19세기 이 지역의 학문이 다시
일어나면서 학자들이 책 속에서 또는 구전되는 것을 통해 송객정의
의미를 다시 기억하기 시작했다. 그리하여 19세기 중반 이후 대원

사를 통해 지리산을 유람하는 유학자들은 이 고사를 떠올리며 당대 남명과 오건의 아름다운 관계를 회상하며 부러워하였다. 이것이 덕산구곡 제7곡으로 송객정곡을 설정한 까닭이다.

제8곡 면상촌곡面傷村曲

면상촌곡은 대원사 계곡과 밤머리재로 갈라지는 삼거리 명상마을 앞을 흐르는 시내 물굽이를 말한다. 오건은 송객정에서 남명이 주는 전별주를 마시고 노새를 타고 가다가 너무 취해 이 마을 앞에서 굴러떨어져 얼굴에 상처를 입었다. 그리하여 마을 이름이 '면상

면상촌곡(94×60cm, 이호신 作)

촌'이 되었다. '오건이 노새에서 떨어져 얼굴에 상처가 난 마을'이라는 뜻으로 붙여진 이름이다. 그런데 지금은 그 음이 와전되어 '명상마을'이 되었으니, 역사를 잃어버려 얼토당토않은 이름이 생겨났다. '명상마을'은 실체가 없는 이름이니, 지금이라도 '면상마을'로 고쳐서 옛날 아름다운 이야기가 오래도록 전승되기를 기대한다.

19세기 대원사 계곡을 유람하던 경상우도 학자들은 이 면상촌에 이르러 얼굴에 상처를 입은 오건을 부러워하며 자신들도 남명이 따라주는 전별주를 마시고 취하여 노새에서 떨어지고 싶다고하였다.

면상촌에 대한 일화는 삼가에 살던 허유許愈의 다음과 같은 기록에 잘 나타나 있다.

8일. 날씨가 매우 명랑했다. 아침밥을 먹고 출발했다. 조형칠曺衡七(조원순)이 미비한 산행 도구를 챙겨 우리와 함께했다. 북천北川을 건너 10리를 가서 송객정送客亭에서 쉬었다. 옛날 남명 선생께서 오덕계吳德溪(오건)를 전송하실 적에 반드시 멀리 여기까지 나와 전송하셨다. 정자의 이름이 이 때문에 붙여진 것이다. 지금은 늙은 고목이 서 있는 곳이다. 정자 위쪽에 낙마파落馬坡·면상촌面傷村이 있다. 전하는 말에 "오덕계가 남명 선생에게 작별 인사를 드리고 물러나 여러 동문들과 술을 실컷 마시고 작별했는데, 술에 취해 자신도 모르게 말에서 떨어져 얼굴에 상처가 났다. 그래서 그 고사로 인해 면상촌이라 하였다."라고 한다.[65]

『남명선생편년』에 의하면 남명은 1564년과 1565년에 진주·산청 등지에서 오건을 만났으니, 오건이 조정에서 벼슬살이하다가 잠시 내려와 있을 시기로 추정된다. 남명은 오건에게 편지를 보내 벼슬을 그만두고 물러날 것을 권하였는데, 그것은 윤형원이 집권하여 국정을 농단하던 시기였기 때문이다.

오건은 인품이 중후한 인물로 남명이 아끼던 제자였다. 그런 제자가 무도한 정권에 나아가 벼슬하니, 남명은 마음이 편치 않았을 것이다. 남명은 떠나는 제자를 전송하러 10리 밖에까지 나갔다. 그리고 전별주를 따라주며 시사時事와 출처出處에 대해 말했을 것이다. 오건은 스승의 마음을 익히 알고 있었기에 학문에 뜻을 둘 마음이 있었지만, 관리로서 조정의 부름을 무시할 수 없어 상경할 수밖에 없었을 것이다. 그리하여 그는 스승과 헤어진 뒤 여러 동문과 함께 술을 마신 것으로 보인다.

오건은 술에 취해 노새를 타고 산청의 집으로 돌아가다가 얼마 못 가 낙마하고 말았다. 그래서 그곳의 지명이 '낙마파'가 되었다. 또 조금 가다가 다시 노새에서 굴러떨어져 얼굴에 상처를 입었다. 그리하여 그곳은 '오건이 얼굴에 상처를 입은 마을'이라는 뜻으로 '면상촌'이 되었다. 당시 오건은 문과에 급제하여 조정에서 벼슬하던 인물이었기 때문에 일반 백성들에게는 우스꽝스러운 에피소드가 되어 전해진 것으로 보인다. '오건처럼 중후한 인물도 술에 취해 노새에서 굴러떨어져 얼굴이 까지다니'라고 백성들은 수군거렸을 것이다. 오건의 입장에서는 부끄러운 일이지만, 일반인들에게는 입소문이 날 만한 사건이다. 이런 고사가 전해오는 장소이기에 덕산구곡 제8곡을 면상촌곡으로 정하였다.

제9곡 대원사곡 大源寺曲

대원사곡은 대원사 앞 시내 물굽이를 말한다. 대원사 계곡은 남명이 찾았던 장항동獐項洞이다. '장항'은 '노루목'이니, 좁고 긴 협곡을 의미한다. 남명 생전에는 '대원사'라는 명칭의 절은 없었다. 남명의 문인 성여신成汝信 등이 처음 편찬한 『진양지』에 의하면 "장항동에 상류암上流庵이 있다."라고 하였으니, 대원사 계곡 상류에 있던 암자인 듯하다.

대원사 계곡

대원사곡은 남명의 발자취가 닿은 곳인데, 남명이 남긴 시문은 없다. 19세기 경상우도 학자들은 대원사의 이름이 큰 근원(大源)인 점, 그리고 대원사 계곡의 물이 천왕봉 밑에서 발원하는 점에 의미를 부여하고, 한나라 때 동중서董仲舒가 "도의 큰 근원은 하늘에서 나온다.(道之大源出於天)"[66]라고 한 말에 근거하여, 이곳을 '도체道體의 근원'으로 인식하였다. 그리하여 대원사 계곡을 끝까지 거슬러 천왕봉에 오르는 구도 여행을 하고자 하였다. 이러한 점에 근거하여 덕산구곡 제9곡을 대원사곡으로 정하고, 남명의 정신이 깃든 도학의 원류가 흐르는 곳으로 그 의미를 부여하였다.

현재의 지리산 대원사는 1890년 중건한 뒤에 붙여진 이름이다. 대원사는 신라 시대 연기조사緣起祖師가 창건하여 '평원사平原寺'라고 부르던 사찰이었는데, 오랫동안 폐사였다가 조선 숙종 때 운권대사雲卷大師가 절을 짓고 '대원암大源庵'이라 명명하였다. 조선 시대이 지역 학자들의 문집에 '대원암'이 거의 등장하지 않는 것은 깊은 골짜기에 위치하여 찾는 사람이 거의 없었고, 또 이곳이 사람들에게 특별히 알려지지도 않았기 때문이다.

대원사는 1890년 중건한 뒤 비로소 이 지역 유학자들에게 주목받기 시작하였다. 그것은 두 가지 측면에서 이해할 수 있다. 하나는 '대원사'라는 명칭 때문이고, 하나는 대원사 계곡을 경유하여 쑥밭재-중봉을 거쳐 천왕봉까지 오르는 등산로가 생겼기 때문이다. 한말 이 지역 유학자들은 이 등산로를 통해 천왕봉에 오르는 유람을 특별히 선호하였다. 그것은 근원을 찾고자 하는 도학자들의 정신 지향과 일치하기 때문이었다.

먼저 '대원사'라는 명칭에 대해 살펴보기로 한다. 18세기 후반 석응윤釋應允은 지리산권의 사찰 기문記文을 여러 편 지은 승려였는데, 그가 지은 「대원암기大源庵記」에는 대원사의 명칭 유래에 다음과 같이 기록해 놓았다.

〈'대원大源'의 뜻은〉 대개 진주 서쪽 물줄기의 근원으로는 이 시내보다 더 큰 것이 없다는 의미이다. 그런데 후세 사람들은 '도의 큰 근원은 하늘에서 나온다'는 뜻을 취했다. 그러므로 법당의 이름을 '천광전天光殿'이라 하였고, 누각의 이름을 '운영루雲影樓'라 하였다.[67]

이를 보면 진주 서쪽 물줄기의 근원으로는 이 시내보다 더 큰 것이 없기 때문에 대원암이 있는 계곡을 '대원大源'이라 부른 것을 알수 있다. 즉 자연의 형세에 따라 그렇게 이름을 붙인 것이다. 그런데 석응윤의 지적처럼 후대 학자들이 '도의 큰 근원은 하늘에서 나온다'는 의미를 이 계곡에 부여하여, '대원사'라 부르게 되었다. 아마도 조선 중기 이후 성리학이 발전하면서 그렇게 붙여진 듯하다. '도의 큰 근원이 하늘에서 나온다'는 말은 주자가 『중용』을 해석하면서 인용해 놓았기 때문에 이를 통해 이 말을 자주 접하여 익히 알고 있었다.

또 위 인용문을 보면, 대원암의 법당 이름은 '천광전'이고, 문루의 이름은 '운영루'였다. 이런 명칭은 불가의 명칭이 아니다. '천광天

대원사곡(94×60cm, 이호신 作)

光·운영雲影'은 주자의 「관서유감觀書有感」이라는 시에 "반 이랑 네
모난 연못에 하나의 거울이 생겼는데, 하늘빛 구름 그림자가 함께
배회하네.(半畝方塘一鑑開 天光雲影共徘徊)"라고 한 문구에서 취한 것이
다. 이를 보면 유자들의 도움으로 대원암을 중창하면서 유가적 문
자를 취해 건물 이름을 붙인 듯하다.

주자의 「관서유감」이라는 시는 작은 연못에 비친 파란 하늘빛
과 하얀 구름 그림자를 보면서 천리天理가 한순간도 멈추지 않고
운행하고 있음을 인식해야 한다는 것을 노래한 것이다. 그리하여
조선 시대 성리학자들에게는 이 시구가 경서의 구절이나 다름없었
다. 또 「관서유감」에는 위의 구절에 이어 "너에게 묻노니 어찌 그리

맑은가, 원두源頭에서 활수活水가 흘러내리기 때문이지요.(問渠那得淸
如許 爲有源頭活水來)"라고 하였다. 이는 천리가 운행하는 것을 지속
적으로 관찰하기 위해서는 연못의 맑은 상태가 계속 유지되어야 하
는데, 그러기 위해서는 근원에서 맑은 물이 부단히 흘러내려야 한
다는 것이다.

이런 사유에 의해, 조선 성리학자들은 물의 발원지인 근원을 중
시하는 사고를 하게 되었다. 그리고 나아가 사람의 근원에 해당하
는 하늘과 계속하여 소통하려고 하였다. 그것은 하늘이 사람에게
명령하여 부여한 것이 본성이므로 이 본성에 순응하는 삶을 살기
위해서는 근원과 단절되어서는 안 된다고 생각했기 때문이다. 그리
고 이것을 구체적으로 구현한 것이 산림에 은거하여 자연을 벗하면
서 천리를 체득하려 한 삶의 방식이다.

지금 대원사에 가서 보면, '천광전'이라는 명칭만 남아 있고, '운
영루'라는 현판은 찾아볼 수 없다. 절간에 유교식 명칭이 있는 것이
이상할 수 있지만, 한 시대 지식인들이 즐겨 찾았던 운영루가 없는
것은 여간 서운한 일이 아니다. 지리산 깊숙한 청정구역에 이런 건
물이 있으면, 주자의 「관서유감」이라는 시를 떠올리며 나의 근원을
돌아볼 사람이 분명히 있을 것이다.

대원사 계곡을 따라 오르다 보면 마지막 마을 새재에 이르게 된
다. 이 새재 마을에서 계곡을 따라 계속 오르면 '조개골'이라는 골
짜기가 나온다. '조개골'이라는 명칭은 조개화석이 발견되어서 또는
조개무지가 있어서 명명한 것으로 전해지고 있다. 있을 법한 이야

대원사 계곡 조개골 지도

기이다. 그러나 한말의 지식인들은 이 골짜기를 물이 솟아 발원하
는 곳으로 생각하여, 이 골짜기의 이름을 '물이 솟아나는 골짜기'라
는 의미로 '조개골'이라 하였다.

1887년 지리산을 유람한 이 지역 유학자 정재규鄭載圭의 유람
록에는 '조개지동肇開之洞'이라 기록하였고, 1917년 지리산을 유람
한 이수안李壽安의 유람록에는 '조개朝開'로 되어 있으며, 1937년 지
리산을 유람한 김학수金學洙의 유람록에도 '조개곡朝開谷'으로 되어
있다. '조개肇開'는 '처음 시작되다'는 뜻이고, '조개朝開'는 '맨 먼저
열리다', 또는 '맨 먼저 솟아나다'라는 뜻이다. 그러니 이러한 명칭
은 모두 이 골짜기가 '대원大源'이라는 인식에 의해 생겨난 것임을

정재규 『노백헌집』의 '조개지동'

알 수 있다.

　이런 기록을 토대로 생각해 보면, 조개껍데기가 있어서 '조개골'로 부르다가, 유학자들에 의해 물이 '처음 발원하는 곳'이라는 의미로 '조개朝開' 또는 '조개肇開'로 일컬어지지 않았을까 추정해 본다. '대원사'의 명칭으로 보면, '조개껍데기가 있다'는 의미는 아무런 연관성이 없고, '처음 발원하는 곳'이라는 의미가 더욱 합당하다. 이러한 점을 고려하여 덕산구곡 제9곡을 대원사곡으로 설정하였다.

03

덕산구곡 설정의 의의와 기대효과

오늘날 덕산구곡을 설정하는 것에 대해, '무슨 의미가 있느냐?' 고 질문할 수 있다. 그러나 문화는 밭을 개간하듯 사람이 만들어 가는 것이다. 경상북도 문경시 선유동에 있는 '선유구곡仙遊九曲'은 조선 후기 남한조南漢朝 등이 은거한 곳이지만, 한말 정태진丁泰鎭이 1947년 「선유구곡시」를 지어 비로소 '선유구곡'으로 거듭났다. 또 충청북도 괴산군의 '선유구곡仙遊九曲'도 한말 홍치유洪致裕 등이 구곡시를 지으면서 구곡으로 널리 알려졌다.

도산구곡을 설정한 것도 1823년경이었으니, 덕산구곡을 설정한 2016년을 기점으로 하면 200년도 채 되지 않는다. 문경의 선유구곡과 괴산의 선유구곡을 설정한 지는 불과 100년밖에 되지 않는다. 또한 우리나라 1백여 개의 구곡 중에 약 3분의 1 정도가 19세기 이후 경영되었다는 점을 고려하면, 오늘날 덕산구곡을 설정하는 것도 그다지 무리한 일은 아니다.

덕산구곡을 설정하고 경영하는 일은 18세기 안덕문이 삼산서원을 정립하여 어느 한 학파에 치우친 경향을 극복하고 세 선생을 모두 존숭하는 영남문화를 새로이 만들고자 한 정신을 계승하는 일이며, 19세기 하범운이 이야순의 청으로 「삼산구곡시」를 지으면서 덕산구곡이 없는 것을 무안하게 여겨 정식의 무이구곡을 변용해 「덕산구곡시」를 지은 정신을 계승하는 일이다. 그러므로 그 시점에 연원을 두고 보면, 도산구곡·옥산구곡을 설정한 것과 동시대의 일이 된다.

덕산구곡을 설정하는 의의는 다음과 같이 몇 가지로 정리할 수 있다. 첫째, 영남의 삼산서원과 삼산구곡을 정립하는 일로 조선 시대 영남 도학의 위상을 재정립하는 일이다. 둘째, 덕산구곡을 설정하고 경영하면 미래에는 남명 도학의 원류가 흐르는 유적지로서 주목받을 수 있다. 셋째, 남명의 경의학敬義學에 기초하여 천인합일을 지향한 남명 정신을 유적이 있는 현장에 투영하여 현대인들이 직접 체험할 수 있도록 할 수 있다.

덕산구곡을 설정하고 경영하여 남명 정신을 체험하는 학습장으로 만들면, 다음과 같은 효과를 기대해 볼 수 있다. 첫째, 남명 유적지가 많은 덕산 일대를 명실상부한 도학의 성지로 정립할 수 있다. 둘째, 남명의 경의사상을 널리 알리는 데에 다양한 콘텐츠를 확보할 수 있다. 특히 경관이 수려한 산수 속에서 남명 정신을 직접 체험할 수 있는 좋은 콘텐츠를 만들 수 있다. 셋째, 지리산의 위상과 가치를 제고할 수 있다. 지리산은 '학덕이 높은 학자가 은거한 산'이라는 이미지를 부각하여 지리산의 명산문화를 정립하는 데에 일조할 것이다.

04
덕산구곡시

덕산구곡 - 주자의 무이도가 운자를 써서
德山九曲-用朱子武夷櫂歌韻[68]

최석기 지음

하늘에 닿은 우뚝한 두류산 천왕봉,　　　　　　　近帝壁立天王峯
거기서 발원해 흐르는 맑은 덕천강.　　　　　　　出焉流焉德川淸
산도 덕스럽고 물도 덕스러운 곳,　　　　　　　　山名稱德水亦然
덕의 세계로 나가는 배 젓는 소리.　　　　　　　　遡流入德棹歌聲

일곡이라 강가에서 어선을 빌려 타니,　　　　　　一曲江邊乘漁船
도구대 그림자가 태연 속에 잠겼어라.　　　　　　陶丘臺蘸苔淵川
도구옹 소식 없고 텅 빈 대만 남았는데,　　　　　陶丘臺空無消息
긴 협곡의 만학문은 안개 속에 잠겼네.　　　　　長峽萬壑鎖霧烟

이곡이라 흰 구름이 서려 있는 백운동,　　　　　二曲鋪白白雲洞

남명 선생 세 번 찾아 덕용을 펴신 곳.	冥翁三踏舒德容
하얀 물결 하얀 반석 하늘이 숨겨두어,	白玉白盤天藏籠
티 없는 흰 구름이 몇 겹이나 둘렀는지.	無累白雲鎖幾重

삼곡이라 입덕문 그대들은 보지 못하나,	三曲入德君不見
도덕으로 들어가는 관문 수년째 잠겼네.	造道關門閉數年
문 안의 물 맑아서 갓끈 씻기에 좋구나,	門內水清可濯纓
맑은 물에 씻고 나니 그리운 마음 간절하다.	洗塵清潭切自憐

사곡이라 고마정을 그대들도 들었으리,	四曲叩馬君亦聽
수양산서 흘러내린 맑은 시내 기다랗네.	發源首陽清川髮
백이 풍도 들으면 청렴한 이 나온다지,	聞伯夷風廉者見
어두운 산속 동네 연못에 비친 밝은 달.	暗黑洞天月影潭

오곡이라 산천재 덕스러운 기운 깊구나,	五曲山天德氣深
천왕봉 벗 삼아서 우리 유학 일으킨 곳.	道伴天王興儒林
하늘을 떠받친 천왕봉을 아는 이 없으니,	擎天支柱無人識
천석종 소리만이 하늘 향해 울려 퍼지네.	千石鍾聲動天心

육곡이라 취성정 서원 앞의 물굽이 위,	六曲醉醒院前灣
멀리 숭덕사의 닫힌 내삼문이 보이네.	望見崇德掩門關
선생의 지결 걸린 경의당이 우뚝하니,	懸揭敬義堂磊落

성성자 소리에 깨어난 마음 한가롭네.　　　　　　惺惺子聲醒中閑

칠곡이라 송객정은 오덕계를 보내던 곳,　　　　　七曲送客餞德溪
작별하고 떠나면서 고개 돌려 보았다네.　　　　作別行路更回看
손을 잡고 간곡히 출처대절 일러주던 곳,　　　　執手懇告大節處
한 그루 나무만 남아 쓸쓸하게 푸르도다.　　　　只有樹在空翠寒

팔곡이라 면상촌이 넓고 크게 열렸구나,　　　　八曲面傷村豁開
대원사 계곡물이 흘러와서 돌아가는 곳.　　　　大源谷水流濚洄
오덕계 낙마하여 얼굴 상한 그 옛날 일,　　　　德溪落馬面傷景
후배들은 오히려 부러워하며 상상하였지.　　　　後進猶羨想像來

구곡이라 대원암 계곡 하늘이 숨겨둔 곳,　　　　九曲古庵天藏然
하늘에서 흘러온 큰 근원이 흐르는 시내.　　　　出於天之大源川
조개동으로 올라가며 도의 근원 물어보리,　　　願問根源肇開路
경의검 품고 성성자 차고 어디 계신지를.　　　懷劍佩子在何天

徳山九曲
第七曲
送客亭曲
玄石

제4부

덕산구곡의 장소적 의미

01

제1곡 도구대陶丘臺

도구대의 입지

산청군 단성면에서 남사마을을 지나 고개를 넘으면 덕천강이 한눈에 들어온다. 그 덕천강을 따라 조금 올라가면 구만마을이 나온다. 이 구만마을 앞 도로 끝 강가 언덕이 옛날 도구대陶丘臺이다. 예전에는 강가에 우뚝 솟은 산언덕이었는데, 지금은 도로를 내면서 산을 깎아냈기 때문에 그 위용을 찾아볼 수 없다. 산을 깎아 도로를 낸 절개 부분을 보면, 대략 옛날 모습을 상상해 볼 수 있다.

도구대 밑은 덕산에서 흘러내린 덕천강과 지류인 백운동 계곡에서 흘러내린 시내가 합류하는 시퍼렇게 깊은 못이 만들어졌는데, 이 연못을 예전 사람들은 '태연苔淵'이라 불렀다.

도구대는 지리산으로 들어가는 초입에 위치하여 협곡에서 흘러나오는 덕천강을 한눈에 바라볼 수 있는 장소이기 때문에 경관 그 자체만으로도 명승이다. 18세기 박지서朴旨瑞는 도구대의 경관을 다음과 같이 기록하였다.

도구대 전경

도구대 위치

백운동의 물이 덕천 하류와 합류해 도구대 밑에 이르러 모여 못이
되었다. 도구대는 그 못 뒤에 있는데, 푸른 강물에 격렬한 여울이어
서 옥구슬 같은 하얀 물방울을 뿜어대며 세차게 흐른다. 층층의 남
기와 겹겹의 산봉우리가 병풍처럼 빙 둘러 펼쳐져 있다. 이곳의 경
관은 깨끗하고 상쾌하고 시원하게 뚫려 있어서 사람들이 마치 낭풍
산閬風山에 오른 듯, 한문寒門에 날아오르는 듯, 성대한 기분을 느끼
게 한다. 깊숙한 숲과 깊은 계곡, 붉은 노을에 비췻빛 연무, 하얀 돌

에 푸른 절벽이 눈에 들어오며, 짙은 소나무와 늙은 노송나무가 뒤섞인 산에 기이한 산새들이 흡사 그림 속의 풍경과 같아 사람이 사는 마을의 기상이 아니다. 이곳은 대체로 덕천에서 첫 번째 만나는 곳으로 제일 아름다운 승경이다.[69]

박지서가 도구대 전경을 묘사한 것을 보면, 이곳이 예전 사람들에게 어떤 장소였는지 짐작하게 한다. 박지서의 언급처럼 도구대는 상쾌하고 시원함을 느끼게 할 뿐만 아니라, 신선 세계로 발을 들여놓는 기분이 들게 하는 장소였다.

도구대에서 남명이 살던 산천재까지는 5리쯤 되는데, 덕천강을 따라 양쪽으로 산줄기가 뻗어 내린 협곡으로 들어가야 한다. 협곡 오른쪽에 수양산首陽山이 있어 이 협곡을 '수양검음首陽黔陰'이라 불

수양검음 협곡

렀다.

　도구대는 수양검음 협곡을 한눈에 바라볼 수 있는 최적의 전망대였고, 진경眞境과 속진俗塵을 구분하는 경계선이었다. 그래서 속세를 벗어나 때 묻지 않은 진경으로 들어가는 입구로서의 상징성을 갖게 되었다. 마치 사찰에서 일주문과 같은 역할을 한 곳이 바로 도구대다. 그래서 지리산으로 유람하는 사람들이나 도학의 성지로 순례하러 온 사람들은 이 도구대에 올라 마음가짐을 새롭게 하며 설레는 기분을 맛보았다.

도구대에서 소요하던 이제신

　도구대는 남명의 문인 도구陶丘 이제신李濟臣이 소요하던 곳이다. 이제신은 한마디로 기인奇人이었다. 그는 여러 가지 기이한 일화를 남겼는데, 남명의 문인 하항河沆은 그를 애도하는 글에서 "이인異人·신인神人·불기인不羈人 이 셋이 합해 하나가 된 사람이다."[70]라고 하였다. 이 말은 후대에 이제신을 상징하는 말로 널리 회자되었다.

　이제신은 의령 사람이다. 어려서 안주安宙에게 배웠고, 21세 때 성균관에 들어가 수학하였다. 그때 김범金範·배신裵紳 등과 친하게 지냈다. 1544년 산해정으로 남명을 찾아가 문인이 되었고, 1561년 남명이 덕산으로 이주하자, 따라와 인근에 살았다.

　이제신은 성품이 맑고 높아 흉중에 한 점 티끌이 없었다고 한다.

사림이 기대했던 인종仁宗이 서거하자, 그는 심상心喪 삼년복을 입었고, 인종의 기일이 되면 의관을 정제하고 홀로 앉아 한숨 쉬며 아무 말도 하지 않았으며, 「동림별곡桐林別曲」을 지어 자신의 의지를 드러내 보였다고 한다. 장성에 살던 김인후金麟厚는 인종의 기일이 되면 산에 올라 술을 마시고 하루 종일 통곡하였다고 하는데, 이제신도 인종에 대한 마음이 그와 같았다. 이를 통해 볼 때, 이제신은 김인후와 시대정신을 공유한 사림파의 일원이었음을 알 수 있다.

이제신은 1545년 을사사화 이후 세상사에 미련을 버리고 시와 술로써 살았는데, 걸핏하면 후생에게 "그대들은 젊어서 기묘사화와 을사사화를 모를 것이다."라고 하였다 한다. 또 그는 임종하던 해에 "나는 올해 반드시 죽을 것이다."라고 하였으며, 또 항상 물을 많이 마시면서 "장과 위를 세척한 뒤에 돌아가야겠다."고 하였다 한다.[71]

이를 통해 볼 때, 이제신은 단순한 기인이 아니었음을 알 수 있다. 즉 겉으로 보면 특이한 삶을 살다 간 기인이지만, 그의 본모습은 무도한 정권에 등을 돌리고 절개를 지키며 산 참다운 선비라고 해야 옳을 것이다.

도구대에 대한 후인의 품평

도구대는 덕산동으로 들어가는 입구의 첫 번째 휴게소라 할 수 있다. 경관이 빼어나 쉬어가기에 제격이고, 또 남명의 제자 이제신이 은거하던 곳이다. 그러니 이곳은 도덕군자를 만나러 가는 동네 입구와 같은 의미를 갖게 되었다.

후인들은 도구대에 올라 덕천강을 보며 도의 근원을 생각했고, 강물을 바라보며 남명의 도덕이 흘러내리는 것으로 생각하였다. 그리하여 이곳에서 뭉클한 감회가 일어나 시를 한 수씩 읊지 않을 수 없었다. 도구대에서 지은 한시는 수십 편이 전하는데, 그 가운데 는 이제신을 추모하는 시도 있고, 산수의 아름다움을 노래한 시도 있다.

성주에 살던 이진상李震相은 19세기 후반 경상우도 지역에 새로운 학풍을 일으킨 학자이다. 그는 1877년 남쪽으로 내려와 유생들과 남사마을에서 향음주례를 행하고, 남명의 유적지를 둘러본 뒤 천왕봉에 올랐다. 당시 김인섭·박치복·하용제·곽종석 등 당대 이 지역의 쟁쟁한 학자들이 동행하였다. 아래의 시는 이진상이 도구대에서 지은 것이다.

큰 바위 허공에 솟구치고 나무들 그늘을 드리웠는데,	老石捎空草樹陰
못에 비친 봉우리 구름 그림자와 함께 깊이 잠겼네.	蘸川峰影共雲深
북쪽에 살던 통명通明은 현학玄學에 빠져들었고,	通明北隴參玄趣
남촌에 살던 원량元亮 청결한 본심에 의탁했었네.	元亮南村托素心
백록동 서원 유허는 안타깝게도 예전과 다른데,	白鹿遺墟嗟異古
청우를 타고 온 기이한 기운 지금까지 전해지네.	青牛奇氣尚傳今
방호산으로 들어가는 첫째 굽이 아름다운 풍도 있어,	方壺初曲璇風度
지친 걸음 재촉해 오르니 흥취가 끝없이 이어지네.[72]	倦脚催登興不禁

'통명通明'은 남북조 시대 음양오행가 도홍경陶弘景을 말하고, '원량元亮'은 진나라 때 은자 도잠陶潛 즉, 도연명을 가리킨다. '백록동'은 주자가 복원한 백록동서원으로, 이 시에서는 '주자학'을 지칭한다. '청우靑牛'는 노자老子가 타고 다니던 소로, 여기서는 '노장사상'을 가리킨다. '방호산'은 방장산方丈山의 다른 이름이다. 이진상은 도홍경과 도연명이 은거한 고사를 끌어다 이제신이 은거한 것에 빗대고, 백록동서원과 노자의 고사를 인용하여 주자학이 쇠퇴한 시대를 한탄하면서 도구대에서 바른 도의 자취를 찾고자 한다.

이 시는 도구대를 '지리산으로 들어가는 첫 번째 굽이(初曲)'로 일컫고, '아름다운 풍도'로 묘사한 데에 의미가 있다. 그러니까 주자의 무이구곡武夷九曲의 개념으로 보면, 남명이 살던 산천재는 무이구곡의 제5곡인 무이정사武夷精舍에 해당하고, 도구대는 무이구곡의 제1곡에 해당하는데, 이런 의미를 은연중 드러낸 것이다.

다음은 19세기 최동익崔東翼이 도구대에서 지은 시이다.

도구대 위로는 두류산,	陶邱臺上頭流山
도구대 아래는 덕천강.	陶邱臺下德川水
두류산은 만 길 높이 솟았고,	頭流之山高萬丈
덕천강은 끊임없이 흘러가네.[73]	德川之水流不已

최동익은 경상도 고성 출신으로 최정기崔正基에게 배운 뒤 서산西山 김흥락金興洛에게 수학한 인물이다. 이 시는 매우 평범해 보이

지만, 도구대를 가장 잘 형용한 시이다. 그것은 도구대가 만 길의 두류산으로 이어지고, 쉬지 않고 흘러가는 덕천강과 만나는 지점에 있음을 드러냈기 때문이다. 또한 이 시는 공자가 말한 요산요수樂山樂水의 정신을 살려 만 길의 두류산과 부단히 흘러가는 덕천강을 도학의 원류가 흘러내리는 것으로 묘사한 데에 묘미가 있다. 도구대를 다시 조성한다면, 만물이 화창하게 피어나는 어느 봄날 그 위에 앉아서 이 시를 읊조리며 깊은 상념에 빠져볼 수 있으리라.

이진상과 함께 유람한 박치복朴致馥은 당대 이 지역에서 명성이 크게 났던 학자인데, 도구대에서 다음과 같이 읊었다.

우뚝한 자질로 태어나서 불우했던 도구 노인,	嶔崎歷落陶丘叟
상상컨대 남명 선생이 손을 잡고 함께했겠지.	想像冥翁攜手同
백세 뒤엔 그 향기 안 나고 그 빛도 잠겼는데,	薰歇光沈百世後
지금까지도 강가 언덕엔 청풍이 남아 있구나.[74]	至今江上有淸風

박치복은 이제신의 향기와 빛이 지금은 묻혔지만, 그 정신을 상징하는 청풍淸風은 지금도 강가에 불고 있다고 하였다. 참으로 가슴을 뭉클하게 하는 시상이다. 이처럼 도구대는 이제신의 청풍, 나아가 남명의 청풍을 느끼게 하는 장소적 의미가 있다. 도학의 산실에서 그 원류가 흘러내리는 덕천강을 바라보며 온몸으로 그 청풍을 느낀다면, 이 세상을 더욱 청정하게 하는 정신이 살아날 것이다.

조선 후기 성리학자들은 이런 인식을 더욱 심화하여 도구대를

'천리를 살피는 장소'로서의 의미로 이해하였다. 아래 곽종석郭鍾錫의 시를 보면 이런 점을 발견할 수 있다.

하늘의 빛 물의 빛 둘 다 보기 좋게 성대한데,	天光水色兩陶陶
증점曾點은 당시 너무 고상함에 집착했었지.	點也當年太着高
전전긍긍 깊은 물가에 임하듯이 함을 알아야,	須知戰戰臨深處
참으로 솔개 물고기의 이치 위아래 드러나리.[75]	眞箇鳶魚上下昭

증점은 공자의 문인으로 세상에 나아가 벼슬을 하는 것보다 초야에서 본성을 해치지 않고 자연의 섭리에 동화되는 삶을 살겠다고 하여[76], 공자로부터 인정을 받은 사람이다. 곽종석은 산수가 잘 어우러진 도구대에서 천리에 순응하는 삶을 살고자 한 증점을 떠올렸다. 그러다 '그의 지향이 너무 고원하다'고 여겨, 그것보다는 공자의 도를 물려받은 증삼曾參과 자사子思의 공부가 더 유효하다는 점을 생각한 것이다. 제3구는 『논어』 「태백」에 보이는 증삼의 말이고, 제4구는 『중용』 제12장에서 자사가 말한 내용이다. 솔개와 물고기는 눈으로 볼 수 있는 현상이고, 솔개가 허공에 떠 있는 이치와 물고기가 물속에서 자유롭게 헤엄치는 이치는 천리天理이다.

곽종석은 도구대에서 증삼이 늘 전전긍긍하면서 깊은 연못가에 임한 듯이 얇은 얼음을 밟는 듯이 조심하면서 성명을 온전히 보존한 삶의 자세를 느끼고, 또 자사처럼 솔개와 물고기를 관찰하기 좋은 장소이므로 눈에 보이는 자연의 경물을 통해 눈에 보이지 않는

도구대 밑 태연

천리를 늘 살피기에 최적의 장소라고 생각하였다.

이는 퇴계 이황이 도산서당을 지으면서 왼쪽에 있는 대를 '천연대天淵臺'라 하고, 오른쪽에 있는 대를 '천광운영대天光雲影臺'라 명명한 마음과 같다. 그러므로 도구대의 장소적 의미는 곽종석에 의해 '천리를 관찰하는 장소'로 격상되었다. 그러니 도구대를 복원할 수는 없더라도 높다란 정자라도 만들어서 순례객이 이 정자에 올라 이런 생각을 하도록 해야 다시 문명의 세계를 건설할 수 있다.

이제신에 대한 평과 도구대의 이미지

이제신은 농담을 잘하고 세상사에 얽매이지 않았다고 하는데, 스승 남명을 만나면 마음을 거두어 매우 삼가는 태도를 보였다고 한다. 또한 바둑을 잘 두고, 활쏘기를 좋아했다고 한다. 남명이 잡기에 빠지는 것을 우려하자, 이제신은 "바둑을 두면 입으로 남을 험담하지 않고, 활을 쏘면 마음에 자신을 돌아보는 생각을 합니다.(看碁口絶論人語 射革心存反己思)"라는 시구를 지어 보이니, 남명이 칭찬을 하였다고 한다.

당시 사람들은 이제신을 '청광淸狂'으로 칭하였다. 청淸은 맹자가 백이·숙제를 성지청자聖之淸者라고 평한 것처럼 청렴을 의미하고, 광狂은 공자의 문인 증점曾點처럼 지향은 높으나 행실이 따라가지 못하는 사람을 가리킨다. 이 두 관점으로 보면 '신인·이인·불기인'은 평범한 사람들과 다르다는 점을 부각한 것이고, '청광'은 유자 중에서 청렴한 지조를 지키거나 성인을 지향한 면모를 드러낸 것이다. 그렇다면 전자보다는 후자가 이제신의 정신 지향에 보다 근접한 품평이라 하겠다.

18세기에 활동한 박태무朴泰茂는 도구대에서 다음과 같이 노래했다.

대 지팡이 하나 짚고 짚신 한 켤레 신고서,	一竹杖與一芒鞋
남명 선생이 사시던 마을을 왕래하였네.	來往南冥夫子里
안연은 옛 누항에서 팔 구부려 누워 지냈는데,	顔淵舊巷臥曲肱
허유는 어찌 시내서 귀 씻는 일 수고로웠나.[77]	許由何川勞洗耳

박태무는 남명학파가 침체한 18세기 하덕망河德望 등과 함께 남

명학을 계승하는 데 주력한 인물이다. 그는 도구대에서 이제신을 회상하며 공자의 제자 안회顔回에 비유하고 있다. 안회는 가난하였으나 공자의 도를 즐거워하며 산 인물이다. 허유許由는 요임금 시대 소보巢父와 함께 현실을 피해 은거한 사람으로 유가에서는 결신난륜潔身亂倫으로 평한다. 박태무는 이제신의 삶이 허유의 방식이 아니라, 안회의 방식이라고 규정한 것이다. 이는 은일을 추구한 인물이 아니고, 처사로서의 삶을 살았다는 말이다.

도구대를 가장 많이 노래한 사람은 남사마을에 살던 박래오朴來吾다. 그는 도구대에서 여러 편의 시를 지었는데, 그 가운데 한 수를 들어본다.

전해 오는 말 듣건대 그 옛날 도구옹이,	聞說陶丘老
이곳에다 작은 정자를 지었다고 하지.	於玆小榭開
맑은 유람을 하기에 본래 좋은 곳인데,	清遊是本界
인지지락 맛보면서 신명을 보호하였네.	仁智護靈臺
스승이 사시던 산천재 여기서 가까우니,	丈席天齋近
이 물의 연원은 덕산에서 흘러오는 것.	淵源德水來
공손히 생각건대 천년 뒤 먼 훗날에도,	恭惟千載下
후학들은 자신도 모르게 그 덕에 취하리.[78]	不覺醉醇盃

박래오는 도구대에서 이제신을 떠올리며 '산수를 즐기는 인지지락仁智之樂을 실컷 맛보며 살다 간 인물'로 묘사하고 있다. 특히 이

곳의 물은 남명이 살던 덕산에서 흘러 내려온 것이므로 더없이 청
정하다. 그래서 이 도구대에서 후학들은 그 덕에 취할 수 있을 것이
라 상상하고 있다. 남명을 그리워하며 그 덕화에 흠뻑 취하여 살고
자 하는 정신이 드러나 있다. 이런 관점으로 보면, 도구대는 인지지
락을 즐기기에 제격인 장소로서의 의미가 더해진다.

한말 삼가에 살던 정재규鄭載圭는 다음과 같이 읊었다.

인간 세상에는 청풍이 불어오는 곳 없는데,	人間無處發淸風
외로운 이 대에 올라 한차례 흉금을 씻네.	一上孤臺一盪胸
당시 도구옹이 즐긴 것 무엇인지 모르겠지만,	不識當年何所樂
인근의 도덕군자 천왕봉 가까이 살고 있었네.[79]	德隣近在天王峯

정재규는 '이제 인간 세상에 청풍이 없다'고 하면서, 이 도구대에
서 그 옛날의 청풍을 떠올린다. 이는 도구대의 상징성을 '청풍'으로
드러낸 것이다. 그는 특히 도가 무너지고 풍속이 야박해진 세상을
살면서 이 도구대의 상징적인 의미를 더욱 실감한 듯하다. 그런데
그는 이제신이 즐긴 것은 무엇인지 모르겠으나, 인근에 도덕군자
남명이 살고 있었던 것을 보면 그의 지향을 알 수 있다고 하였다.
이는 곧 이제신을 공자의 문인 안회顔回나 증점曾點에 비유한 것이
다. 이 역시 이제신에 대한 극찬이고, '안회가 살던 누항陋巷'처럼 도
구대에 새로운 장소적 의미를 부여한 것이다.

또한 정재규는 하항이 이제신을 평한 '이인·신인·불기인'에 대해

동의하지 않고 다음과 같이 노래하였다.

세 가지 기이한 것으로 이 사람 허여하지 말라,	莫將三合許斯人
도구옹은 본래 우리 유가에 있던 분이었으니.	自是吾儒家裏人
일부러 웃기는 말로 속인들을 놀라게 했지만,	故把笑談驚俗子
도구 선생은 남을 기롱한 사람이 아니었다네.[80]	先生非是打乘人

'세 가지 기이한 것'은 하항이 평한 '이인·신인·불기인'을 가리킨
다. 정재규는 이제신을 기인으로 평하지 않고 유학자라고 평한 것
이다. 요컨대 이제신은 기인도 아니고 해학인도 아니며 '청풍을 지
닌 도덕군자'라는 것이다. 이러한 평가는 조선 후기 도학자적 정신
세계를 반영한 것으로 매우 의미 있는 논평이다.

도구대는 덕산으로 들어가는 입구에 있는 명승이다. 위로는 수
양검음의 긴 골짜기가 한눈에 들어오고, 아래로는 진주시 수곡면
과 하동군 옥종면의 넓은 벌판이 멀리 펼쳐져 있다. 도구대는 강가
에 우뚝 솟은 빼어난 경관이기 때문에 이름이 난 것이 아니라, 도구
이제신이라는 사람이 은거한 곳이었기 때문에 이름이 났다. 자연경
관은 아무리 빼어나도 명인을 만나지 못하면 명소로서 이름을 얻지
못한다. 소동파蘇東坡(소식)가 노닐던 적벽赤壁, 왕희지王羲之가 연회
를 베푼 난정蘭亭은 소동파와 왕희지라는 걸출한 인물을 만나 명소
가 되었으니, 이런 의미에서 도구대를 덕산구곡의 제1곡으로 설정
하였다.

왕희지의 난정

소동파의 적벽야유도

　도구대는 지금 흔적조차 찾을 수 없다. 그러나 고사가 문헌에 전해오니 누군가는 그 아름다운 고사를 통해 가슴 뭉클한 감회를 맛볼 것이다. 이제신은 남명의 문인이고, 남명의 정신을 지향하였다. 도구대는 남명의 도학이 있는 산천재로 가는 길목에 있기 때문에 이름이 나게 되었다. 요컨대 이제신은 남명의 문인으로서 남명처럼 무도한 현실정치에 나아가지 않고 지절을 지키며 살았기 때문에 후인들은 그를 기억하고 추숭한 것이다.

　도구대를 노래한 선인들의 시를 보면, 가장 많이 눈에 띄는 주제의식이 청풍淸風이다. 세상 사람은 언제나 속세에 물들지 않고 깨끗함을 추구한 인물을 그리워한다. 그런 삶을 사는 사람이 있어야 이 세상이 탁하게 오염되지 않는다. 세류는 아무도 거역할 수 없기 때문에 탁류로 흘러가는 것을 막을 수 없다. 그러나 그런 탁류 속에 살면서도 맑고 높은 정신을 소유한 사람들이 가끔 있다. 그런 사람을 우리는 눈을 씻고 찾아보아야 한다. 그런 인물을 만나지 못하면 도구대에 올라 이제신을 떠올리며 그의 삶을 생각해야 한다. 그리고 그 위로 거슬러 올라 남명을 만나러 가야 한다. 그래야 하늘이 부여한 양심을 잃지 않고 한평생을 온전히 살 수 있다. 부끄러움이 없는 당당한 삶, 그것이 바로 유학의 가르침이다.

이를 위해 옛날 도구대를 복원할 수는 없더라도, 강가에 정자를 세우고 도구대의 유적을 알리는 안내표지판을 설치해야 한다. 또한 덕산구곡 제1곡의 시와 조선 시대 유학자들의 시를 몇 수 번역해 세운다면 이곳의 장소적 의미가 다시 소생하게 될 것이다. 그렇게 하면 도구대는 한갓 돌덩이 언덕이 아니라, 청풍을 느끼고 인지지락을 체험하는 장소로 거듭날 것이다.

제2곡 백운동白雲洞

남명이 세 번이나 들어간 백운동

남명이 1558년에 쓴 「유두류록」에는 '백운동에 한 번 들어갔다' 고 하였다. 이는 58세 때까지 남명이 한 차례 백운동을 유람하였다 는 말이다. 18세기 권위權煒의 시에는 '선생께서는 백운동에 세 번 이나 들어오셨네(先生三入洞)'라고 하였으며, 19세기 하달홍河達弘의 「재입백운동再入白雲洞」이라는 시의 소주에는 "남명 선생이 백운동 에 세 번 들어가셨기 때문에 세속에서 '삼유동三遊洞'이라 부른다." 라고 하였다.

이처럼 남명이 백운동을 세 차례 유람하여 후인들은 '삼유동'이 라 불렀다. 백운동은 경관이 아름다워서 이름이 난 측면도 있지만, 도학군자 남명의 발자취가 있기 때문에 더욱 유명해진 것이다. 곧 명소가 명인을 만나 명승이 된 것이다.

백운동은 지리산 자락에서는 좀처럼 찾아보기 드문 화강암 지대 로 암반이 드러나 있는 계곡이다. 비록 골짜기가 좁아 반석이 넓지

백운동

는 않으나 하얀 반석이 길게 드러나 있다. 백운동은 '흰 구름이 서려 있는 동천'이라는 뜻이다. 흰 구름이 떠 있고, 하얀 반석이 드러나 있고, 옥 같은 하얀 물방울이 튀어 올라 세 가지 백색 이미지가 선명히 드러나는 곳이다. 그러므로 '백운동'이라는 명칭은 속진俗塵에서 떨어진 청정한 백색 이미지를 가지고 있는 장소이다. 그래서 속세의 티끌을 싫어한 남명이 즐겨 찾고, 또 들어와 살고 싶어 한 곳이다.

인간 세상 가까운 곳에 이런 청정한 구역이 있다는 것은 청정심을 회복하고 맑은 세상을 만들어 가는데 더없이 좋다. 그런 곳에 한 치의 거짓도 없이 진실한 마음을 간직한 군자의 발자취가 서려 있으니, '도학의 성지'에 있는 유적지로서 조금도 손색이 없다. 그러므로 이곳을 덕산구곡 제2곡으로 설정하였다.

이곳은 비록 덕천강의 본류에서 비껴있는 지류지만, 남명의 정신이 투영된 곳이고, 또 남명의 후학들이 남명 정신을 기린 곳이기 때문에 덕산구곡의 한 굽이로서 충분한 장소적 의미가 있다.

백운동 입구의 남명송南冥松

19세기 김진호金鎭祜는 「백운동각남명선생유적기白雲洞刻南冥先生遺蹟記」에서 백운동 입구에 있던 남명이 심어놓은 소나무에 대해 다음과 같이 기록해 놓았다.

백운동 입구에는 남명 선생이 손수 심으신 고송이 있는데, 선생이 돌아가신 뒤로 지금까지 322년이나 된다. 그런데도 울창한 소나무는 의젓하게 추위에도 꿋꿋하여 인인仁人이나 지사志士가 병화兵火와 시운時運이 바뀌는 변화를 겪으면서도 강건하고 굳세게 꺾이지 않은 기상이 있는 것과 같은 풍모가 있다. 그러니 또한 우러러 공경할 만하다.[81]

이 지역 유림은 1893년 단오일에 남명을 기리기 위한 모임을 개최하고 백운동 용문폭포 위 바위에 '남명선생장구지소南冥先生杖屨之所' 여덟 자를 새겼는데, 위의 글은 당시에 지은 것이다. 남명이 백운동 입구에 소나무를 심은 것이 정확하게 어느 해인지는 알 수 없다. 그러므로 김진호는 남명이 돌아가신 1572년부터 계산해서 322년이 되는 해라고 한 것이다. 그러니 실제로는 그보다 훨씬 오래된 수령을 가진 소나무임을 알 수 있다.

남명은 특별히 소나무를 좋아했다. 남명은 산해정에 살 때 대나무를 심으며 "이 대는 외로울까 외롭지 않을까, 소나무 곁에 있으니 외롭지 않을 거야. 찬바람 서릿발을 기다리지 않아도, 푸르고 푸른 네 모습 볼 수 있으리."[82]라고 하여, 사계절 내내 변치 않는 대나무의 푸름을 소나무와 동격으로 보아 사랑하였다. 그런데 어느 날 세찬 바람이 불 때, 남명은 소나무 옆에 있는 대나무가 바람에 흔들려 몸을 가누지 못하는 것을 보았다. 그래서 다음과 같이 노래했다.

세 친구 서 있는 소슬한 한 가닥 오솔길,　　　三益蕭蕭一逕通
한미한 이 어려운 일 사랑함이 가련하네.　　　最憐寒族愛難功
아무래도 싫구나, 솔과 한 편이 아닌 대가,　　　猶嫌未與髥君便
바람 부는 대로 몸을 맡겨 흔들리는구나.[83]　　　隨勢低昂任却風

'세 친구'는 도연명(도잠)으로부터 유래한 대나무·소나무·국화다. 이 셋은 모두 불변의 절개를 의미하기 때문에 군자의 지조를 대변하는 상징물이다. 빛깔의 이미지로 보면 대나무와 소나무는 한겨울에도 푸름을 지니고 있다. 그런데 남명은 한순간 바람에 흔들리는 대나무를 보고서 소나무와 같지 않다는 사실을 깨달았다. 그래서 대나무를 더 이상 사랑하지 않겠다는 심경으로 '소나무와 한 편이 아닌 대나무가 싫구나'라고 읊은 것이다.

남명은 소나무를 통해 자신의 변치 않는 지조를 드러내었다. 그래서 곳곳에 소나무를 심었고, 소나무의 변치 않는 절개를 조선 선비의 지절志節로 승화시켰다. 조선 선비들이 소나무를 사랑하게 되고, 또 선비정신을 소나무의 기상으로 정립시킨 데는 남명의 공이 지대하다.

아래의 시에는 소나무와 어우러진 명월의 삼엄하고 청정한 기상이 잘 드러나 있다.

서늘한 송뢰 소리에 마음도 소슬한데,	寒聲淅瀝頻蕭颯
그 위에 달이 걸려 청정하고 삼엄하네.	天桂交加淨復森
어딘들 저처럼 좋은 나무 없을까마는,	何處獨無繁好樹
덕을 지키지 못하고 마음을 변하누나.[84]	不常其德二三心

불변의 소나무에 걸린 밝은 달, 이는 바로 변치 않는 지조와 또렷하게 깨어있는 남명의 정신이다. 이런 불변의 항상심이 한 시대의 정신을 바로 세운다. 이런 정신은 오랜 세월 깊이 침잠해 수양한 학문의 힘에 의해 나온 것이다. 오늘날처럼 말로만 남명의 경의사상을 들먹이는 사람들이 감히 도달할 수 없는 경지이다.

백운동 입구의 남명송은 이곳을 찾는 사람들에게 남명을 만난 듯한 느낌을 주었다. 19세기 조성가趙性家는 "삼동에도 변치 않는

문정공文貞公(조식) 같은 절개 빼어나니."라고 노래하면서 "이 소나
무 아직 사람들의 사랑을 받고 있으니, 남명 선생의 풍도와 여운 내
마음을 상쾌하게 하네."라고 하였다.[85] 또 하우河寓는 남명송이 있
는 소나무를 공자가 제자들과 학문을 강론한 행단杏壇에 비유하여
'송단松壇'이라 명명하고 「송단가松壇歌」를 지었다.[86]

경주 감은사 터에 가서 삼층석탑을 우러러보면 삼국을 통일한
문무왕의 기상을 상상해 볼 수 있다. 함양 벽송사에 가서 곧게 치솟
은 벽송碧松을 보면 늠름한 기상을 가진 호걸을 떠올릴 수 있다. 마
찬가지로 백운동 입구에 우뚝 솟은 위풍당당한 노송을 보는 사람
들은 남명을 만난 것 같은 느낌을 절로 갖게 되었을 것이다. 남명송
은 조선 후기 이 지역 유림들에게 남명과 같은 존재였다.

상상 속의 백운동 남명송

새로 심은 남명송

안타깝게도 이 소나무는 지금 없다. 그런데 더욱 안타까운 것은 이 '남명송'에 대한 기억이 지워졌다는 점이다. 남명을 닮은 기품 있는 소나무를 심어 먼 미래 후손들이 '남명송'이라 부를 수 있게 만들어야 한다고 여러 차례 말하였으나, 사업 추진이 흐지부지하였다. 그러다 2023년 산청군에서 소나무 한 그루를 심었는데, 남명의 기상을 전혀 찾아볼 수 없다. 이 소나무가 어느 세월에 낙락장송이 되어 남명송으로 불릴 수 있을까?

한말 하우河寓는 남명송을 다음과 같이 노래하였다.

지리산의 높이 몇천 길이 되는지 모르겠구나,	智異山高幾千仞
웅장하게 백 리에 서려 형세가 하늘까지 닿았네.	雄蟠百里勢極天
덕천강의 강물은 그 깊이가 백 척이나 되는데,	德川江水深百尺
세차게 흐르며 곧장 흘러내려 주저함이 없다네.	奔流直放無盤旋
그 중간에 굽이돌아 작은 동천이 하나 있는데,	中作透邐一小洞
흰 구름 깊이 감추어 세속의 마을과 끊어졌네.	白雲深鎖絕世烟
푸르고 뿌연 남기 기운이 종일토록 덮여 있고,	浮嵐暖翠無朝暮
하얀 바위 푸른 언덕 얼마나 오랜 세월 지났나.	白石蒼崖幾歲年
수많은 층층의 산봉우리들 함께 기다리는 듯하고.	欝欝層巒如共待
굽이굽이 흐르는 차가운 냇물은 저절로 흩뿌리네.	曲曲寒流自相濺
남명 선생 지리산 골짜기를 답파하신 일 생각나니,	憶昔冥翁破牛脇
이 외지고 그윽한 곳을 사랑하여 인연이 있었네.	愛此幽獨曾有緣
남명 선생이 찾아와서 소요하시던 날 이곳에다,	杖屨當日逍遙地

흰 구름 옆 백운동에 푸른 소나무 심어놓으셨네.	爲植靑松白雲邊
빈산에서 홀로 세모에도 변치 않는 자태 지키니,	空山獨保歲寒姿
서리 내리면 곧 시드는 모든 초목과 어찌 같으리.	肯似凡卉萎霜前
솔잎에선 생황 연주하는 듯한 소리 멀리 들리고,	葉奏笙簧聲遠聞
뿌리에선 용이 서린 듯한 형세가 서로 이어졌네.	根崛虬龍勢相連
날씨 추워진 세모에는 보는 이 아무도 없어서,	天寒歲暮無人見
때로는 백학이 날아와서 날갯짓하고 있을 뿐.	時有白鶴飛來翩
내 이 특별한 곳에 와 선생의 유적을 찾는데,	我來特地訪遺踪
차가운 가지를 어루만지며 각별한 애정이 드네.	爲撫寒枝偏愛憐
상상컨대 남명 선생이 이곳에서 노니시던 마음,	想象先生盤桓意
둘러선 수많은 나무가 장막을 두 배나 친 듯하네.	百千回樹倍帳然
큰 목수가 수시로 눈길 주는 것 어찌 허여하며,	肯許大匠時回目
또한 나무꾼이 함부로 베지도 못하게 해야 하리.	更敎樵父莫謾燃
늙은 가지 조밀한 잎 바람과 서리에도 굳건하여,	枝老葉密風霜勁
맑은 시내 굽어보고 높은 산봉우리를 우러르네.	俯臨淸流仰山巓
푸른빛의 이 송단은 붉은색의 행단[87]과 같으니,	松壇翠如杏壇紅
서원 경의당 앞에 늘어선 여러 현인 떠오르네.	敬義堂前想群賢
내 이제 와 선생을 사모하는 마음 배나 더하여,	今來倍添羹墻慕
송단 가에서 일어나 절하고 시 한 수 노래하네.[88]	起拜壇邊賦一篇

하우는 송단松壇을 공자가 제자들과 학문을 강론한 행단杏壇에 비유하였으니, 그것은 곧 송단을 '남명이 도학을 강론한 상징적 장

소'라고 의미를 부여한 것이다. 남명은 소나무를 심었을 뿐이지만, 남명송에서 남명의 도학을 상상할 수 있기 때문에 그런 의미를 부여한 것이다.

이런 선인들의 정신이 담긴 이곳은 '남명의 유적지이기 때문에 보존해야 한다'는 차원을 넘어, '이 땅에 도를 지키고 보존하는 의미를 새삼 인식하는 장소'로 거듭나야 한다.

백운동 12곡

주자는 공자와 맹자의 산수인식을 계승해 산수를 통해 천리를 관찰하고자 하였고, 산림에 은거하여 천인합일을 지향하였다. 이러한 주자의 산림은거와 천인합일의 지향은 16세기 조선의 학자들에게 그대로 수용되었다. 그리하여 사화기에 출사하지 않은 학자들은 산림에 은거하여 심성을 수양하며 성명性命을 온전히 하는 삶을 선호하였다. 그리하여 우리나라에도 1백여 개가 넘는 구곡이 경영되었다.

지리산 자락에 살던 유학자들도 일찍이 이러한 주자의 정신을 본받아 덕산의 구곡산을 '무이산武夷山'이라 칭하였다. 18세기 진주 출신 정식鄭栻은 이 산에 은거하여 구곡산 도솔암으로 가는 계곡에 무이구곡武夷九曲을 경영하였는데, 주자의 정신을 그대로 수용하고 있다. 그 뒤 19세기 하범운河範運은 정식의 무이구곡에 나아가 「덕산구곡시德山九曲詩」를 지었는데, 정식과는 달리 남명의 도학을 칭

'백운동' 각자

백운동 수석

송하는 내용으로 채웠다.

　백운동에도 구곡이 경영되지 못하다가 19세기 말 이 지역 학자들이 백운동을 자주 유람하면서 12곡 또는 18곡의 명칭이 생겨났는데, 이를 정리하면 다음과 같다.

곡명/경관		조성주	박치복	조성가	이도추	박원종
烏石源	폭포		제1곡			
洗塵臺	바위		제2곡			
尋眞臺(巖)	바위	제1곡	제3곡	제1곡	제1곡	제1곡
心淵	못	제2곡	제4곡	제2곡	제2곡	제2곡
觀魚磯	바위		제5곡			
噴雪潭(瀨)	못	제3곡	제6곡	제3곡	제3곡	제3곡
漱玉渦	못		제7곡			
振鷺瀑	폭포	제4곡	제8곡	제4곡	제4곡	제4곡
流觴匯	물길	제5곡	제9곡	제5곡	제5곡	제5곡
咏月陂	언덕		제10곡			
霹靂川	시내	제6곡	제11곡	제6곡	제6곡	제6곡
龍湫	못	제7곡	제12곡	제7곡	제7곡	제7곡
聯珠潭	못		제13곡			
白練渡	다리	제8곡	제14곡	제8곡	제8곡	제8곡
磐(盤)陀石	바위	제9곡		제9곡	제9곡	제9곡
龍門(墟)瀑布	폭포	제10곡		제10곡	제10곡	제10곡
黃來瀑	폭포		제15곡			
百花溪	시내	제11곡	제16곡	제11곡	제11곡	제11곡
銀河灘	여울	제12곡	제17곡	제12곡	제12곡	제12곡
星宿井	우물		제18곡			

이 도표를 보면 박치복朴致馥을 제외한 나머지 사람들은 모두 12곡으로 설정하고 있으며, 12곡의 명칭도 동일하다. 따라서 이 지역 사람들은 백운동 12곡을 명승으로 생각하였다. 지금은 이 12곡을 모두 확인할 수는 없다. 그것은 백운동 입구의 경관이 훼손되었기 때문이다. 박치복은 「백운동 18곡을 운자를 내어 함께 짓다(白雲洞十八曲 拈韻共賦)」라는 제목의 시를 지었는데, 조성주趙性宙·조성가趙性家·이도추李道樞 등과는 별도로 운자를 내어 몇몇 사람과 함께 지은 것으로 추정된다.

당시 이 지역 원로들은 백운동을 함께 유람하며 12곡 또는 18곡의 이름을 정하고 시를 지었다. 다만 박치복이 지은 18곡시의 운자와 조성주 등이 지은 12곡시의 운자가 같은 것도 있고 다른 것도 있어서 어떤 시가 원운元韻인지는 분명하지 않다. 12곡에 차운한 시는 여러 편 발견된다. 반면 18곡을 노래한 시는 박치복의 시 외에, 1928년 권상직權相直이 「백운동에서 18곡을 탐방하다」라는 제목으로 지은 시[89]가 있다.

백운동 12곡 가운데 입구에 있던 심연心淵은 심心 자처럼 생긴 연못이어서 그렇게 이름을 붙인 듯한데, 지금은 어디인지 찾을 수 없다.

백운동에는 박치복·조성가·이도추 등이 지은 시가 전하는데, 대표적 명승은 분설담噴雪潭·진로폭振鷺瀑·유상회流觴滙·용추龍湫·백련도白練渡·반타석盤陀石·용문폭포龍門瀑布·은하탄銀河灘 등이다. 이런 명칭은 대체로 그 장소의 경관을 상징적으로 표현한 것이다.

백운동 명승

'분설담'은 하얀 물방울이 뿜어나오는 폭포를 표현한 것이고, '진로폭'은 한 무리의 백로가 떼를 지어 날아가는 형상과 같은 폭포를 형용한 말이다. 또 '유상회'는 왕희지의 「난정집서蘭亭集序」에 보이는 '유상곡수流觴曲水'에서 유래한 것으로, 굽이진 물가에서 술잔을 띄우며 연회를 하는 장소처럼 반석에 굽이진 물굽이가 있는 것을 말하며, '백련도'는 흰 천을 깨끗이 빨아 펼쳐놓은 것처럼 맑은 물이 흐르는 징검다리를 말하며, '은하탄'은 은하수가 걸려 있는 것과 같다고 하여 붙인 이름이다.

백운동 칠현

19세기 후반 단계端磎 김인섭金麟燮 등 이 지역 원로들은 백운동을 찾아서 모임을 하고 남명 정신을 되새겼는데, 이들을 '백운동白雲洞 칠현七賢'이라 불렀다. 그들은 김인섭을 비롯하여 석범石帆 권헌기權憲璣, 만성晚醒 박치복朴致馥, 소계小溪 유도기柳道夔, 월고月皐 조성가趙性家, 약헌約軒 하겸락河兼洛, 동료東寮 하재문河載文 등이다. 이들은 대략 1870년대에 백운동을 찾아서 모임을 한 것으로 보인다.

김인섭은 단성 출신으로 1846년 문과에 급제하여 사간원 정언 등을 지냈으며, 유치명柳致明에게 찾아가 학문을 질정한 뒤 벼슬을 그만두고 학문에 전념하려는 뜻을 확고히 한 인물이다. 권헌기는 안분당安分堂 권규權逵의 후손으로 단성에 살았으며, 박치복은 함안 출신으로 유치명과 허전許傳의 문하에서 수학하였다. 유도기는 안동 출신으로 1864년 생원시에 합격하였으며, 조성가는 진주 출신으로 기정진奇正鎭에게 나아가 수학한 인물이다. 하겸락은 단성 출신으로 무과에 급제하여 강계도호부사 등을 지냈으며, 하재문은 하세응河世應의 후손으로 진주 출신이다.

백운동에 글자를 새기고

19세기 후반 외세의 물결이 밀려오고 덕천서원이 훼철되는 등 유학의 도가 쇠퇴하자, 이 지역 유림은 도를 부지하기 위해 다양한 노력을 기울였다. 그중에 하나가 1893년 김진호金鎭祜 등이 모여 남명의 유적이 있는 용문폭포 옆 바위에 '남명선생장구지소南冥先生

백운동 '남명선생장구지소' 각자

杖屨之所' 여덟 자를 새겨 넣은 것이다.

김진호는 '남명선생장구지소' 여덟 자를 새기고 지은 시에서 다음과 같이 노래하였다.

백운동 흐르는 물소리 고금에 들리는데,	白雲流水古今聽
성성惺惺한 패옥 소리 이곳을 지났었네.	玉珮惺惺此地經
그 유풍 수습한 소나무는 늙어도 푸르니	收拾遺風松老碧
아름다운 발자취 취하여 푸른 돌에 새기네.	取將芳躅石剜青
가슴속에 선생을 우러르는 생각이 간절하니,	非無卷裏羹墻想
이 세상의 취중 꿈속에서 깨어나길 바라네.	聊欲人間醉夢醒
한 건의 부본副本이 이곳에 있는 줄 아니,	一件副封知在是
훗날 이곳 찾을 적에도 그 마음 그침 없기를.[90]	他時遊賞也無停

김진호는 자신이 살고 있는 시대 분위기를 '술에 취해 혼몽한 상태'로 비유하고, 거기에서 깨어나기 위해 남명의 성성자惺惺子를 떠올렸다. 남명이 성성자를 울리며 즐겨 찾았던 백운동, 그곳은 바로 남명의 도학이 스미어 있는 곳이다. 그러기에 김진호는 그 도가 없어지지 않게 하기 위해 바위에 그 정신을 새겨 넣고자 하였다.

이 시의 '한 건의 부본'이란 남명의 도학을 말한다. 김진호는 이곳에서 성성자의 방울소리를 듣는 듯하여, 술에 취한 듯 혼몽한 세상에서 깨어나고 싶다고 하였다. 이런 마음이 바로 선현을 본받고 따르며 그 도를 전승하고자 하는 정신이니, 이런 정신이 있어야 세상의 기강이 무너지지 않는다. 오늘날 사람들은 백운동에서 이 각자를 보며 무슨 생각을 떠올릴까?

이도추李道樞도 각자를 새기는 모임에 참석하여 다음과 같은 시를 지었다.

남명 선생이 높은 지취로 이곳을 일찍이 찾으셨었지.	冥翁高躅此曾經
백운동에 들어서니 남명 선생 말씀 귓전에 들리는 듯,	入洞依然警欬聽
지금까지도 선생의 사업 구름과 함께 결백한데,	至今事與雲俱白
무한히도 봄이 돌아와 산은 다시 푸르기만 하네.	無限春回山更靑
천고토록 감추었던 진경이 비로소 열렸으니,	眞境開來千古秘
남은 생애 한때나마 깨어 있기를 환기시키네.	餘生喚起一時醒
바위의 각자가 깊은 계곡에서 빛나는 것 보니,	終看石字輝幽澗
근원까지 도달하길 힘써 중도에 멈추지 말기를.[91]	努力窮源且莫停

제4구는 남명이 지은 「백운동」이라는 시에서 취하여 '청산처럼 도는 변치 않고 존재한다'는 것을 말한 것이며, 그런 도를 추구하여 중도에 멈추지 말고 근원까지 찾자고 다짐하는 내용이다. '진경眞境'은 속세의 때가 묻지 않은 곳이니, 곧 도가 보존된 곳이다. 그래서 새삼 혼몽한 정신을 일깨워 각성된 마음을 갖고자 한다.

이들은 남명의 발자취가 있는 곳에 정자를 세우고자 하였으나, 뜻대로 되지 않아 '남명선생장구지소' 여덟 자만 바위에 새겼는데, 이러한 사실은 하계락河啓洛이 지은 시의 제목이 「백운동에 남명 선생을 위하여 정사를 짓자던 일이 이루어지지 않아 '남명선생장구지소' 여덟 자를 바위에 새기고서 그 일을 읊조리다」라고 한 데에서 확인할 수 있다. 그가 지은 시는 다음과 같다.

내 이곳에 와서 보고 들은 것이 많기도 하니,	我來此地多觀聽
남명 선생 발자취가 이르렀던 곳이기 때문일세.	爲是先生杖屨經
구름은 옛 동천에서 일어 아득히 하얗게 물들고,	雲生古洞悠悠白
소나무는 성긴 언덕에서 늙어 울창하게 푸르네.	松老疎坛鬱鬱靑
작은 정자 지으려 했지만 끝내 짓지 못하게 되어,	小亭欲築終違卜
큰 글자 바위에 새로 새기니 불러서 깨울 만하네.	大字新鑴可喚醒
시내 따라 곧장 참된 근원으로 거슬러 올라가며,	沿流直溯眞源去
곳에 따라 뱃노래를 부르며 잠시도 쉬지 않으리.[92]	隨處櫂歌暫不停

한말 도가 무너지는 위기의 시대를 맞이하여 이 지역 유림은 남명의 발자취가 있는 이곳에 도를 보존하기 위한 정자를 지어 장소적 의미를 알리려고 하였다. 그러나 형편이 여의찮아 정자는 짓지 못하고, 대신 바위에 글자만 새긴 당시의 정황을 말하고 있다. 그리고 도가 무너지는 시대에 참된 도의 근원을 찾아 도를 지키고자 하는 마음을 드러내고 있다.

03

제3곡 입덕문入德門

도학의 세계로 들어가는 관문

도구대에서 덕천강을 따라 덕산으로 들어가는 수양검음 골짜기 벼랑에 길이 나 있어서 예전에는 이 길을 '덕천벼리(덕천천)'라 불렀다. 이 벼리는 수레가 다닐 정도였는데, 지금은 도로를 내면서 산을 깎아 경관이 변해서 벼리를 찾을 수 없다. 『진양지』에는 이곳을 다음과 같이 기술해 놓았다.

물이 굽이굽이 돌며 흘러가는데 깊지도 않고 얕지도 않다. 수양검음으로 들어가는 골짜기는 협곡으로, 중간에 덕천벼리(德川遷)가 나오는데, 이른바 '두류만학문頭流萬壑門'이라고 하는 것이 바로 이곳이다.[93]

이 덕천벼리를 따라 들어가다 보면 강폭이 좁아지는 곳에 너럭바위가 있고 우뚝한 바위가 벼랑에 서 있었는데, 그곳을 예전 사람

제4부 덕산구곡의 장소적 의미   147

'입덕문' 각자

입덕문 안내표지석

들은 지리산 골짜기로 들어가는 동구의 관문이라고 여겨 '두류만학문'이라고 불렀다. 바로 이곳에 남명이 '덕으로 들어가는 관문과 같다'는 의미로 '입덕문入德門'이라고 이름을 붙인 것이다.

'입덕入德'이란 '도덕의 세계로 들어간다'는 뜻이다. 도道는 인간이 마땅히 걸어가야 할 길이고, 덕德은 사람이 그 도를 터득하여 얻은 것이다. 조선 시대 학자들은 『대학』에 격물·치지의 진리탐구, 성의·정심·수신의 심성수양 실천, 제가·치국·평천하의 사회적 실천과 교화 등이 다 들어있다고 여겨서 『대학』을 제일 중요한 경서로 여겼다. 그러므로 '입덕문'이란 명칭은 조선도학의 정신을 단적으로 드러낸 것이다.

조선 후기 이동백李東白은 이런 의미를 잘 알고 있었기에 입덕문에 이르러 다음과 같이 노래했다.

덕으로 들어가는 관문은 이 입덕문 같으리니,	入德門如入德門
시냇물이 산 밑의 깊은 근원에서 솟아나네.	川從山下出深源
선생이 떠나신 뒤에도 문은 그대로 남았으니,	先生去後門猶在
『대학』의 공부를 이곳에서 논할 수 있구나.[94]	大學工夫此可論

주자는 『대학』 해석에 평생의 정력을 기울였는데, 『대학』 팔조목의 격물·치지를 꿈처럼 혼몽한 상태와 또렷한 지각이 있는 깨어있는 상태가 나누어지는 지점이라 하여 '몽교관夢覺關'이라 하였고, 팔조목의 성의誠意를 사람과 귀신이 나누어지는 지점이라 하여 '인

귀관人鬼關'이라 하였다. 남명은 이 점을 중시해 「신명사도神明舍圖」의 성곽 밖에 '몽夢' 자와 '귀鬼' 자를 써넣었다. 이를 통해 보면, 입덕문은 또렷하게 깨어있는 정신으로 성의·정심·수신을 통해 도덕적 인격을 확립하는 정신세계로 들어가는 관문에 해당한다. 그리하여 후대에는 이 입덕문을 남명의 도학 세계로 들어가는 관문으로 인식하였다.

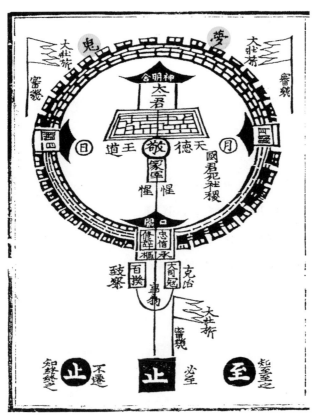

「신명사도」

입덕문은 도덕의 세계로 들어가는 관문이기 때문에 그 상징성이 매우 크다. 그래서 조선 중기 하진河溍은 이곳에 이르러 산수의 아름다움을 논하는 것에 대해 일침을 가하였다.

덕산 산자락에 덕천마을이 있는데,　　　　德山山下德川村
들어가는 자 모두 입덕문을 경유하네.　　　入者皆由入德門
속인들은 입덕문이라 이름 붙인 뜻 모르고,　俗子不知名以德
부질없이 산수가 아름답다 남에게 논하네.[95]　謾將山水向人論

또한 조선 후기 박태무朴泰茂는 이 입덕문에 이르러 길을 잃고 헤매다가 바른길을 찾았다고 다음과 같이 노래했다.

초년에는 길을 잃고 갈림길에 서서,　　　　初年失路路多岐
소경이 더듬거리듯 갈 곳을 잃었었지.　　　摘埴倀倀迷所之
입덕문 앞에서 깊은 잠을 깨고 나니,　　　入德門前醒大寐
우리 도가 여기에 있는 것을 알았네.[96]　也知吾道在於斯

옛날 선비들은 입덕문에 이르러 이런 생각을 하였다. 그리하여 이 문 안에는 도가 있는 것으로 여겼으며, 덕천의 냇물은 그런 도를 온 세상에 나누어주기 위해 싣고 흘러가는 존재로 보았다. 그리하여 조선 후기 문진귀文鎭龜는 "부여잡고 온종일 가는 길 괴롭다고 말하지 말게, 곧 이 몸이 도덕의 문으로 들어감을 기뻐할 걸세."[97]라고 하였으며, 정종화鄭鍾和는 "이 동천의 이름을 심상하게 보지 마시게, 우리 마음잡고 자세히 논해야 할 것이네."[98]라고 하였다. 19세기 후반 경상우도 지역의 원로 김인섭金麟燮은 입덕문을 다음과 같이 노래했다.

분명하고 분명하구나, 우리 유가의 길,	明明吾家路
천추토록 변치 않을 덕으로 들어가는 문.	千秋入德門
지극한 분이 참된 지결을 남기셨는데,	至人留眞訣
귀로 듣고 입으로 말하는 의논들 많구나.[99]	謾多口耳論

'지극한 분'은 남명을 가리키고, '참된 지결'은 남명이 '입덕문'이라고 이름을 붙인 의미를 가리킨다. 도덕의 세계로 들어가기 위해서는 이 세상의 이치를 바로 알아야 하고, 그러기 위해서는 의리를 강론하고 밝혀야 한다. 그리고서 그 의리를 내 마음으로 실천하여 먼저 내 생각과 마음을 바르게 하고, 다시 내 몸에서 일어나는 감정을 바르게 행해야 나를 덕이 있는 사람으로 만들 수 있다.

한말 경상우도 지역에는 이진상李震相의 학통을 이은 학자들이 성대한 학문집단을 형성하고 있었는데, 그 가운데 적통이라 할 수 있는 대표적 인물이 곽종석郭鍾錫이다. 곽종석은 1846년 6월 24일 단성현 사월리沙月里 초포촌草浦村에서 태어났다. 12세 때 부친을 여읜 뒤, 경제적으로 궁핍하여 여러 곳을 옮겨 다니며 살았다. 17세 때에는 인근 입석리立石里로 이주하여 우거하였고, 22세 때에는 삼

니동서당

가현 신지방神旨坊으로 24세 때에는 다시 삼가현 역동嶧洞으로 이주하였다.

곽종석은 25세 성주星州로 이진상을 찾아가 배알하고 사제관계를 맺었다. 이로부터 이진상의 심즉리설心卽理說을 수용하여 사상적 기반으로 삼았다. 그는 28세 때 모친을 모시고 출생지인 사월리 초포촌으로 돌아왔다. 거처하는 집을 '초초정草草亭'이라 하고, 그 집이 니구산尼丘山 동쪽에 있기 때문에 '니동서당尼東書堂'이라 편액하였다. 곽종석은 고향으로 돌아와 「사상부沙上賦」를 지었는데, 공자와 주자의 학문에 목표를 두고 새롭게 공부하겠다는 지향을 드러냈다.[100]

곽종석의 구도 의지는 대원군의 서원철폐령으로 덕천서원이 훼철되는 엄청난 역사적 사건을 만나 더욱 견고해졌다. 덕천서원은 지역 유림의 정신적 지주가 되었던 곳인데, 1870년 서원철폐령으로 인하여 훼철되는 비운을 맞이하였다.[101] 이런 사건을 목격하면서 더욱 구도적 의지를 강하게 불태우던 곽종석은 29세 때 되던 해인 1874년 정월 7일 남명의 도학을 새롭게 인식하여 아래와 같은 「입덕문부入德門賦」를 지었다. 이 글은 입덕문을 노래한 작품 가운데 가장 장편이며, 도가 무너진 시대에 도를 다시 세우겠다는 비장한 결의를 다진 글이다.

갑술년(1874)	閼逢閹茂之歲
정월 인일人日(7일)이 되자,	攝提建杓人日載臨
햇살이 따뜻해 곤충들 미동하기 시작하여,	靑陽暄軟衆蟄微吟
집 안에 틀어박혀 지내던 소견 좁은 서생이,	於是晦屋鮒生
도포 걸쳐 입고 종려나무 사립문을 나서니,	穿絲袍躡欂扉
초봄 운치에 감응하여 취흥이 도도해지네.	感時韻乘醉興
밤하늘의 별을 아련히 우러르고,	曠慕星斗之霄
길가의 천석泉石을 마음껏 즐기다가,	徜徉泉石之徑
서풍을 맞으며 신속하게 길을 가는데,	溯西風而迅邁
갑자기 사방에서 회오리바람 불어오네.	忽飄颻而靡定
금호金湖[102]의 살얼음을 살금살금 건넜고,	愀金湖之細澌
도구대陶邱臺 가파른 벼랑길 조심조심 지났네.	慄陶臺之危磴
드디어 병목 같은 동구 문에 다다르니,	迺有洞門如束

개천 따라 난 한 가닥 길 자못 길구나.	條路頗長
우뚝한 바위가 무너질 듯 솟아 있고,	危巖崩倒
소나무·노송나무 부러질 듯 서 있네.	松檜摧戕
산속의 새들이 구슬프게 울어대서,	幽禽悲號
길 가는 나그네도 쓸쓸히 배회하네.	行客徊徨
나도 몰래 미간이 문득 찌푸려지더니,	余亦不自知其兩眉乍蹙
아련한 근심이 밀려와 처량히 서성였네.	遐憂驀發悵乎盤桓
답답한 이 심정을 풀 수가 없어서,	有情未達
아무도 없는 시냇가 따라 오르내리다,	遵空洲而下上
한 어부에게 인사하고 앞으로 나아가,	揖漁父而進前
묻기를 "이곳이 어떤 곳이길래,	問此地之謂何
내 마음을 이렇게도 슬프게 하오?	伊使余而慘然
속 시원히 한 말씀을 들려주시어,	惠一言之霧霈
안개 걷혀 하늘 보듯 풀어주시오."	俾撥霧而覩天
어부가 길게 한숨을 쉬고 일어나서,	漁父喟然太息而起
멀거니 한참을 바라보다 말하는데,	瞿然良久而言
그 말 차마 할 수 없는 점이 있는 듯,	其言若有所不忍
처음엔 머뭇거리다 뒤엔 설교라도 하듯.	始囁囁而終諄諄
손을 들어 가리키며 하는 말이,	舉手而指曰
"저 가파른 언덕을 좀 보시오,	視彼懸崖
더럽혀지지 않고 닳아 없어지지 않을,	不涅不磷
찬란한 저 세 글자가,	煒煌三字

바로 '입덕문'이란 것이오. 入德之門

하늘 높이 솟은 것은 두류산 정상이고, 彼崒嵂者頭流之崔

저기 우뚝하게 높은 집이 산천재라오. 彼歸然者山天之齋

그대는 유독 듣지 못했소, 子獨不聞

옛날 우리 도가 없어지지 않았을 적엔, 夫昔者斯文之未喪也

하늘이 퇴계 선생을 강좌에 내시고, 有若陶山夫子天降於江之左

남명 선생을 강우에 우뚝 서게 하셨지요. 南冥先生壁立乎嶺之右

나이도 동갑에 정신적으로 교유하셨는데, 年同庚交同神

성대한 도와 후중한 덕이 모두 같았지요. 道同盛德同厚

연원 바다 밖 수수洙水·사수泗水[103]에 닿았고, 洙泗乎海外

산남으론 멀리 낙양·민중[104]까지 뻗쳤던 것을. 閩洛乎山南者否

두류산의 저 높은 봉우리, 頭流之高

몇천 길인지 내 알지 못하지만, 吾不知其幾千萬仞也

남명 선생의 도덕에 비유하면, 以先生而視之

아마 조그마한 언덕에 불과할 거요. 殆亦培塿是認也

그러나 우뚝하여 범할 수 없는 형상과, 然而其巉嵒不可犯之像

강직하고 위대하여 굽힐 수 없는 기상은, 剛大不可屈之氣

이 산 아니면 선생을 그려내기 부족할 거요.

則微茲山不足以摹先生於僅僅也

내 고심하면서 당시 미풍 헤아려 볼지라도,

縱我更僕而數之於當日之美

어찌 그것을 다 말할 수 있겠소. 詎可盡也

하늘이 소미성[105]의 상서로운 기운을 주고,	蓋惟天挺少微之瑞
대지가 방장산의 정기를 길러서 내신 분.	地毓方丈之精
음양의 빛나는 혼백을 합하고,	翕二儀之光魄
태허의 참된 영령 머금었으며,	涵太虛之眞靈
맹자의 태산 같은 우뚝한 기상에 도달하고,	躡孟氏之巖泰
소강절의 광풍 우레 같은 위엄을 갖추어,	邁堯夫之風霆
손으로는 현묘한 이치를 지적해 보이셨고,	斡玄機於拇指
입으로는 듣기 어려운 말씀을 하셨지요.	動希音於咳聲
엄광嚴光[106]의 지조 숭상해 남 허여함 적었고,	嚴尙志而小可
백이伯夷 같은 청렴함 나약한 자 자립하게 했소.	夷立懦而同淸
부귀를 뜬구름처럼 부질없는 것으로 보았으니,	視富貴於浮雲
팔을 베고 누워서 안빈낙도할 곳 어디였겠소?	何所樂乎曲肱
천天이 산山 속에 있는 괘가 바로,	天在山中
위는 산 아래는 천인 대축괘大畜卦라오.	是曰大畜
덕산동의 산천재 참으로 깊숙하였는데,	門墻允邃
그곳에서 화락하고 화목하게 지내셨소.	廼雍且穆
네 분 성현이 앞에 살아계신 듯이 여겨,	睠四聖之如在
정숙한 곳에 네 분 초상 걸어두셨지요.[107]	揭遺像其肅肅
사석師席에 임해선 긴요한 말씀하시어,	臨皐比而雨時
영재를 기르는 일에 즐거움을 찾으셨지요.	樂英材之咸育
이에 경敬을 세워 내면을 곧게 하였고,	於是敬立而內直
의義를 드러내 밖을 방정하게 하셨지요.	義形而外方

세상에 나가 이윤伊尹의 일 할 수 있었는데,　　　　出可以爲莘尹之任

물러나 살면서 안회顏回의 학문 일삼으셨지요.　　　處不失爲巷顏之藏

오랜 세월 전해져도 길이 아름다운 도덕,　　　　傳來久而永淑

고금을 두루 살펴보아도 더욱 드러나지요.　　　歷窮宙而彌章

순임금·탕임금의 음악 합한 것 같았고,　　　　　韶濩之灝瀜

천자의 청색황색 눈부신 예복처럼 찬란했지요.　黼黻之靑黃

아녀자·어린이·마부·역졸에 이르기까지 모두들,　曁于婦孺輿卒

초목을 채집하여 채례采禮 지내길 생각하고,　　莫不攬草木而想采

밤하늘 은하수를 우러르듯 빛나기를 바랐지요.　仰霄漢而瞻光

이에 선생에게 향사를 지내게 되자,　　　　　　於是俎豆

선비들 의관을 갖추고 분주히 달려왔지요.　　有所襟珮駿奔

담장처럼 빙 둘러서서 삼강오륜의 윤리 본받고,

　　　　　　　有堵周遭取法乎三綱五常之秩

성대하게 찬송함 옥산·도산 서원처럼 아름다웠소.

　　　　　　　有頌洋溢媲美乎玉山陶山之尊

덕천서원 사액이 내려지자 문미가 찬란해졌고,　恩額之賜煥乎在楣

임금이 내리신 제사 사당 섬돌에서 엄숙했지요.　宸文之侑肅乎在珉

서원 앞에는 취성정醉醒亭이 세워지고,　　　　鋪之以醉醒之閣

냇가에 세심정洗心亭이 또 건립되었다오.　　　敞之以洗心之軒

문 앞에는 은행나무 있는데 가지와 잎 번성하고,　壇有杏而扶疎

길목에는 노송나무 있는데 곧게 뻗어 우뚝했지요.　術有檜而亭直

서원은 맑게 흐르는 시내를 앞으로 하고,　　　抱長川之瀅邐

울창한 숲의 높은 언덕을 등지고 앉았지요.　　　負崇岡之蔚特

선생의 영령이 이곳에 계시는 것 완연하니,　　　宛陟降之在玆

백세토록 세상의 법도가 되는 것 엄연했지요.　　　儼百世之矜式

더구나 저 사륜동에 있는 선생의 묘소는,　　　矧惟絲綸之洞

푸르고 무성한 숲이 우거진 언덕에 있지요.　　　有林麓其葱蒨

신령스러운 언덕에 선생 혼백 모시었는데,　　　託體魄於靈丘

찬란히 빛나는 비석이 우뚝 서 있지요.　　　屹龜趺之耀旿

생전의 상정橡亭[108] 굽어보는 가까운 곳에서,　　　俯橡室而密近

아, 훌륭한 봉사손이 받들어 제사를 지낸다오.　　　猗華胄之承祀

선생을 모시는 의례 빛나고도 찬란하니,　　　儀燦烺而爛炳

우리 도가 의지하여 믿을 곳이 있었지요.　　　斯道賴以有恃

이처럼 우리 도가 아름답던 시절에는,　　　當是之時

선생의 풍모 듣고 고인을 사모하는 선비들,　　　聆風慕古之士

선생을 사숙하거나 연원가 집안의 유생들이,　　　私淑淵源之徒

이 문 통해 덕산으로 들어가지 않는 이 없어,　　莫不由斯門而入德山

연이어 분주하게 오가는 이들 이어졌지요.　　絡繹紛紛而往來于于

드디어 어떤 위인이 큰 붓을 들고서,　　　肆有偉人鉅筆

'입덕문入德門' 세 자를 큰 글씨로 쓰니,　　　大書特書

귀신이 새겨 넣고 귀신이 보호하듯 해,　　　鬼鐫神護

사람들이 눈을 휘둥그레 뜨고 보았지요.　　　聳人目珠

아래로는 물가의 탁영대를 바라보고 있고,　　　下臨濯纓之臺

왼쪽으론 고사리 꺾던 유허지[109]와 닿았지요.　　　左挹採薇之墟

또 곁에 열 아름의 낙락장송 서 있는데,　　　　　　亦有長松十圍

검푸른 소나무 빛깔 구름까지 닿았지요.　　　　　　黛色干雲

푸른 소나무 가지는 시냇가로 늘어지고,　　　　　　蒼髯偃塞

무쇠 같은 굵은 줄기 서로 교차되었지요.　　　　　　鐵幹交分

천만 그루 수많은 나무가 쭉 늘어서,　　　　　　　千株萬株

그늘지고 빛나는 모양 성대했었지요.　　　　　　　蔭映繽紜

이 모두 선생의 풍도가 울리는 소리 들리는 곳,　是皆聲響標格之所到

본디 심상하게 만들어진 물체가 아니라 했지요.　本非尋常種物而云

그런데 어찌하여 하늘에서 부슬부슬 눈이 내려,　奈何天將降雪微霰

지난 을축년[110] 가을 먼저 이곳에 쏟아졌는지요.　先集往在青牛之秋

전에 보지 못한 거센 태풍이 몰아쳐서,　　　　　値無前之颶飆

용호가 뒤집히듯 뿌리·가지 다 뽑혔다오.　　　　龍倒虎顚根柯并跲

애석하다, 대궐을 지을 동량의 재목들이,　　　　惜乎棟樑大廈之材

문득 열에 일곱·여덟은 모두 부러졌다오.　　　　忽此摧八七於其十

이를 본 사람들 눈이 휘둥그레지고,　　　　　　觀者目駭

이 소식 듣는 이들 간담이 서늘했소.　　　　　　聽者膽慴

모두가 이 무슨 조짐일지 걱정했지만,　　　　　謂是何眹

아무리 추측해도 알 수가 없었습니다.　　　　　推測莫及

끝내 수백 년 동안 받들어 모시던 위패가,　　終見數百禩尊奉之牌

어찌 숲속 바위틈에 안치됨을 볼 줄을.[111]　　迺胡爲乎林莽石竇之間

세상에 가슴 펴고 화살 받은 전당錢唐은 없고,[112]　世無袒胸之錢

나무를 뽑아버린 환퇴桓魋 같은 자만 있었지요.[113]　人有拔樹之桓

경의당 용마루에 뜨거운 화염 거세게 솟구치고,	烈焰漲起於敬義之甍
취성정 난간을 동아줄로 당겨 쓰러트렸지요.	套索拖倒於醉醒之欄
어떤 사람의 창자가 타들어 가지 않았으리,	何腸不燔
어떤 사람의 코끝이 시큰거리지 않았으리.	誰鼻不酸
사류의 사기는 땅에 떨어지고,	士類墜氣
산천의 빛은 생기를 다 잃었지요.	山川失顔
하늘의 뜻이 진실하지 않을 뿐만 아니라,	匪直天意之難諶
사람들의 지모도 불선을 따르고 말았지요.	人謀又從以弗臧
도끼를 들고 가서 나무를 마구 베니,	驅斥斧而亂斫
겹겹의 언덕 벌거벗은 산이 되었다오.	迺濯濯乎重岡
선생의 묘역은 쓸쓸해지고,	塋域蕭索
덕산동 입구도 황량해졌지요.	洞門荒涼
슬프다, 두류산 신령스러운 이 골짜기가,	哀哉頭流靈壑
다시는 옛날 빛나는 광경이 아니로구나.	匪復舊日光景
선생이 사시던 저 우뚝한 산천재에도,	歸然山天之齋
적막하여 사람 그림자 보이지 않았지요.	闃無覩乎人影
없어지지 않는 떳떳한 인륜을 지닌 사람들,	苟有彝衷之不泯者
어찌 여기 이르러 탄식을 일으키지 않았으리.	寧不到此而興
아, 그대가 나에게 질문을 한 것,	吁子之問我
아마도 무슨 마음이 있어서겠지요."	其有意夫
나는 이 말 듣고 묵묵히 가슴 저려,	余迺黯然心痏
줄 줄 줄, 눈물이 흘러내렸다네.	泫然涕流

나아가도 따를 만한 분 없고,   進無所從

물러나도 구할 바가 없어서,   退無所求

"원컨대, 그대와 함께 영원히 떠나가서,   願與子而長往

창랑수[114] 가에서 늙도록 낚시질이나 하려오."   老垂釣于滄江之洲

어부 그 말 듣고 "아, 도는 형체 없는 데 있고,   漁父曰噫道在無形

떳떳한 인륜은 얽매이지 않는 데 보존된다오.   常存不牿

하늘의 이치는 돌고 도는 법이니,   天理循環

칠일[115]이면 반드시 돌아오지요.   七日必復

그대는 하늘을 원망하고 남을 허물하지 말고,   子無怨尤

돌아가 성현의 말씀에서 도를 구하고,   且歸而求之於聖賢之言

자신의 몸에서 그것을 징험하시오.   自家之身也

고명한 경지에 이르도록 침잠하고,   沈潛乎高明之域

성실한 근원에 달하도록 반복하시오.   反覆乎誠實之原也

외물에 얽매임 때문에 스스로 번뇌하지 말고,   勿以外累而自惱

큰 뜻 품고 천광운영天光雲影[116] 물가에서 자락하시오.

      囂囂乎自樂於天光雲影之濱也

그러면 높은 산 긴 강의 광풍제월光風霽月[117]이,

      然則凡諸高山長水光風霽月

우리 남명 선생 진면목 아님이 없을 것이오. 莫非吾先生之傳神寫眞也

우리들이 덕으로 들어가는 문을,   吾人入德之門

하필 황량한 산속 가시덤불 언덕에서 구하겠소."

      何必求之於荒山荊棘之垠也

내가 재배를 한 뒤 사례를 하고 작별하자,	余遂再拜稱謝而罷
어부도 노래 한 곡 부르며 멀리 떠났는데,	漁父亦一嘯遐擧
자신의 성씨와 이름을 말해주지 않았네.	而不告以姓名
머리 돌려 푸른 하늘 떠받친 두류산 바라보니,	回頭看頭流撑碧
하늘이 울어도 저 산은 오히려 울지 않겠구나.[118]	天鳴而猶不鳴

곽종석이 지은 「입덕문부」는 사부체辭賦體로 83운 166구의 장편이다. 사辭는 굴원屈原의 『초사楚辭』에서 성립되어 발달한 문학 양식이며, 부賦는 한나라 때 크게 발달한 문학 양식인데, 이 둘을 합해 '사부辭賦'라고 한다. 곽종석은 「입덕문부」·「신명사부神明舍賦」 등을 지었는데, 「신명사부」는 남명의 「신명사도」에 영향을 받은 것으로 도덕적 주체를 확립하기 위한 구도적 의지를 천명한 글이며, 「입덕문부」는 남명의 도학을 추숭하며 도학이 추락하는 위기 시대의 위도의식衛道意識을 드러낸 글이다.

어부사 그림

「입덕문부」는 형식에서 굴원의 「어부사漁父辭」와 많이 닮았다. 「어부사」는 어부가 질문하고 굴원이 답하는 형식으로 두 차례 전개된 뒤, 어부가 「창랑가滄浪歌」를 부르며 떠나는 것으로 끝맺었다. 반면 「입덕문부」는 작가가 어부에게 나아가 질문하고 어부가 남명의 도학을 설명하며, 작가가 어부를 따라가고자 하자 어부가 구도 방법을 알려주고 떠나며, 작가는 구도를 다짐하는 것으로 끝을 맺고 있다. 즉 「입덕문부」는 서론에서 작가의 우도의식憂道意識을 말하고, 본론에서 어부가 남명학 및 구도 방법에 대해 일러주고, 결론에서 작가의 구도의지求道意志를 드러내는 삼단의 논리 구조로 되어 있다.

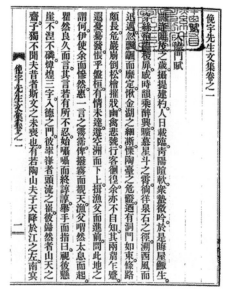

곽종석의 「입덕문부」

　　이 글의 '어부'는 남명의 도학을 누구보다 잘 아는 은자로서 난세에 학자의 임무가 무엇인지를 일깨워 주는 인물로 그려져 있다. 이를 보면 「입덕문부」의 주제 의식이 남명의 도학을 드러내고, 그 도를 자신이 이어가고자 하는 의지를 다짐한 데에 있음을 알 수 있다. 「입덕문부」에 나타난 작가 의식은 크게 아래의 네 가지로 요약된다.

첫째, 서론에서 우도의식을, 본론에서 남명의 도학을, 결론에서 구도의지를 천명하고 있다. 이는 도가 무너진 시대에 남명을 본받아 구도의지를 새롭게 다짐한 것이다. 둘째, 본론에 '남명의 도학자상'을 부각하였다. 특히 '남명은 퇴계와 나이도 같고 도도 같고 덕도 같고 연원도 같다'고 한 것은 남명의 도학을 퇴계의 도학처럼 정맥으로 보는 시각이다. 셋째, 남명의 도학이 후세에 면면히 전승되어 내려온 점을 구체적으로 드러냈다. 넷째, 1870년 덕천서원이 훼철되어 남명의 도학이 의지할 데가 없게 된 시대의 위기의식을 표출하고 있다.

이 「입덕문부」는 19세기 후반 경상우도 지역의 대표적 유학자가 남명학에 대해 어떻게 인식하고 있는지를 잘 보여주는 글이다. 또한 도가 무너지는 시대에 남명 정신을 고취하여 새롭게 구도의지를 다짐하기 위해 지은 글이다. 따라서 조선 후기 사상사의 흐름 속에서 남명학에 대한 인식이 이 지역에 면면히 전승되어 내려오고 있음을 구체적으로 보여주며, 조선 후기 경상우도 남인계 학자들은 남명과 퇴계의 도학을 동등하게 인식하고 있음을 보여주고 있다는 점에서 그 의미가 크다.

남명의 유적지를 답사하거나 덕산구곡을 답사하는 탐방객이 입덕문이 있던 강가 탁영대로 내려가서 산수를 바라보며, 남명이 '입덕문'이라 명명한 그 마음을 떠올려 보고, 다시 곽종석이 지은 「입덕문부」를 읽으며 우리 시대의 도를 생각한다면, 아마도 큰 깨달음을 얻게 될 것이다.

갓끈을 씻던 탁영대

입덕문 뒤에 또 하나의 우뚝한 바위가 있는데, 그 바위를 '탁영대濯纓臺'라 불렀다. 누가 이름을 붙였는지는 자세하지 않다. 바위면에 '탁영대'라는 각자가 있는데, 누구의 글씨인지도 자세하지 않다. '탁영濯纓'이란 '갓끈을 씻는다'는 뜻으로, 중국 고대 민요 「창랑가滄浪歌」에서 취한 것이다. 「창랑가」에 "창랑의 물이 맑으면 나의 갓끈을 씻을 것이고, 창랑의 물이 탁하면 나의 발을 씻으리라."라고 하였는데, 공자가 이 노래를 듣고 제자들에게 "물이 스스로 그것을 취한 것이다."라고 하였다.[119] 즉 '냇물이 맑은가, 혼탁한가'에 따라 사람들이 냇물을 대하는 태도가 다르다는 것이다. 맹자는 공자의 이 말씀을 재해석하여 개인이나 국가가 스스로 업신여김을 당할 만한 이유가 있어서 남들이 업신여기는 것이라고 하였다.

이처럼 '탁영'이라는 용어는 『맹자』에 의해 그 의미가 새롭게 부여된 뒤, 스스로 자신을 깨끗이 하여 한 점 부끄러움도 없는 인격을 추구하는 것으로 받아들여졌다. 특히 조선 시대 도학자들은 이 말을 좋아하여 맑은 물이 고여 있는 못을 만나면 '탁영담濯纓潭'이라 하고, 맑은 물을 바라보는 언덕을 '탁영대濯纓臺'라고 이름을 붙

탁영대 전경

탁영대

였다. 그리하여 우리나라 곳곳에 탁영대 또는 탁영담이라는 명칭이 남아있다.

탁영대는 갓끈을 씻을 수 있을 정도로 맑은 물을 바라보는 장소이다. 그런데 그 맑은 물은 상류에 맑고 깨끗한 물이 있다는 것을 전제로 한다. 즉 덕산에 도학군자가 살기 때문에 그런 맑은 물이 세상으로 흘러간다는 것이다. 그래서 이 지역 유학자들은 순례하다가 이곳에 이르러 덕산에서 흘러오는 물을 보면서 그 안에 도학의 성지가 있음을 생각하고, 그 도덕을 싣고 흐르는 물이 눈앞에 흘러간다고 생각하였다.

탁영대에서의 감회

조선 후기 안익제安益濟는 탁영대에서 다음과 같이 노래하였다.

창랑의 물이 맑음이여, 이 갓끈을 씻을 수 있네.

滄浪之水淸兮 可以濯斯纓

창랑의 물이 깊음이여, 이 마음을 씻을 수 있네.

滄浪之水深兮 可以濯斯心

이 갓끈 씻고 이 마음 씻는 것 그 누가 알리,	濯斯濯斯其誰識
오직 한 덩어리 높다란 바위 대가 있을 뿐.	惟有一片臺石高
구름 끝 시내의 가에 솟아 있으니,	出雲之端水之測
탁영대여, 가까이할 이 그 누구인가.	臺兮臺兮其誰媟

오히려 천추 백세토록 사람들로 하여금,   猶使千秋百世
그 풍도 우러르고 그 절개 사모하게 하리.[120]   可以仰其風慕其節

안익제는 '갓끈을 씻고 마음을 씻는다'는 시상으로 노래하면서,
탁영대가 오래도록 남명의 풍도를 우러르며 사모하게 할 장소로
남을 것이라 하였다.
한편 조선 후기 곽종석은 탁영대에 올라 또 다른 감회를 맛보면
서 남명을 회상하다가 물의 근원, 즉 남명의 도학이 발원하는 세심
정을 떠올리며 다음과 같이 노래했다.

나는 창랑의 물길을 따라 올라와서,   我從滄浪來
길을 가다 탁영대를 만나게 되었네.   行逢濯纓臺
대 위에는 소나무가 바람에 소리를 내고,   臺上松吟風
대 아래는 티 없이 맑은 냇물이 흐르네.   臺下水絕滓
대 위의 소나무 가지에 갓을 걸어놓고서,   掛冠臺上松
대 아래의 깨끗한 물에 가 갓끈을 씻네.   濯纓臺下水
고인은 볼 수가 없으니,   古人不可見
갓끈 씻은 뒤 마음 도로 서글퍼지네.   濯罷心還醒
다시 위로 근원을 찾고자 하니,   更欲尋源上
이 위에 세심정이 있기 때문일세.[121]   上有洗心亭

또 조선 후기 김기용金基鎔은 탁영대에서 흐르는 냇물을 보면서

다음과 같이 읊었다.

상상컨대 남명 선생이 갓끈을 씻던 시절엔,	想像先生濯纓時
추상열일 같아 영특한 위의를 드러냈겠지.	秋霜烈日發英儀
덕천의 강물 도도히 흘러 다함이 없으니,	德水滔滔流不盡
무궁한 도의 본체를 이곳에서 징험하네.[122]	無窮道體驗於斯

　이 시에서 '탁영대에서 물을 보고 도의 본체를 징험한다'고 노래한 것은 산수를 보며 도의 근원을 생각하는 사유를 노래한 것이다.
　덕산구곡 제3곡인 입덕문곡에는 입덕문과 탁영대가 있으니, 남명의 도학을 맛보고자 하는 이들이 이곳에 가서 흐르는 물을 보고 도학의 원류를 생각한다면 세상을 다시 도덕의 세계로 만들 수 있는 희망을 품게 될 것이다.

04

제4곡 고마정呫馬汀

수양검음 협곡이 끝나는 지점에 이르면 서북쪽으로 하늘에 닿을 듯이 우뚝 솟아 있는 지리산 천왕봉이 보이고, 드넓은 동천이 눈앞에 펼쳐진다. 오른쪽은 수양산에서 뻗어 내린 산자락이다. 그 산굽이를 돌면 작은 시내를 만나게 되는데, 그 시내는 마근담 계곡에서 흘러내린 물이다. 이 시내가 덕천과 만나는 지점 산자락 끝에 자갈밭이 있었는데, 그곳을 '고마정呫馬汀'이라 불렀다. 이곳이 덕산구곡 제4곡인 고마정곡呫馬汀曲이다.

고마정의 의미

고마정은 백이·숙제가 은거했다는 수양산首陽山이 있기 때문에 백이·숙제의 고사를 끌어다가 호사가가 붙인 이름이다. 우리나라에도 백이·숙제처럼 청렴함을 지키며 은거한 사람들이 사는 곳을 중국 고사를 빌어다가 '수양산' 또는 '고마정'이라 이름을 붙인 것이다.

고마정 전경

  이런 점에서 덕산에 '수양산'과 '고마정'이라는 명칭이 남아 있기에 '은자가 숨어 살던 곳', '평생 청렴함을 지키며 숨어 살 만한 곳'으로서의 의미를 부여할 수 있다. 실제로 남명이 만년에 은거한 산천재 일대를 예전부터 '사륜동絲綸洞'이라 칭하였으니, 이곳에 고려시대 한유한韓惟漢과 같은 은자가 살았고, 임금이 그를 부르는 명령이 내려왔기 때문에 그런 명칭이 생긴 것이다.

  조선 후기 안익제安益濟는 "덕산으로 들어가는 문에 우뚝한 산이 있는데, 수양산이라 한다. 옛날 한녹사韓錄事(한유한)가 이 산에 은거하여 고사리를 뜯어 먹고 살며 백이·숙제가 수양산에서 고사리를 뜯어 먹다가 죽은 지절을 홀로 지켰다. 그러므로 '수양산'이라고 부

르게 되었다."[123]라고 하였다. 이처럼 은자가 숨어 살던 곳에 남명이
와서 은거함으로써 이곳은 명실상부한 '은자의 공간'으로 거듭나게
되었다.

고마정에 이른 유람객들은 덕산동천의 드넓은 동부와 하늘까지
우뚝 솟은 천왕봉을 바라보며 감탄하였다. 그리고 '고마정'이라는
명칭에 연연하지 않고, 그 뒤에 수양산이 있음을 생각하였다. 한말
송호문宋鎬文의 시에 이런 정서가 드러나 있다.

산의 인한 본체[124] 매우 정미하기에,	仁體儘精微
천하의 광거[125]에 처할 수 있으리라.	得處天下廣
만약 사람이 죽어도 후회가 없다면,	若人死無悔
아득히 천고 고인의 경지로 가리라.	杳然千古往
우리나라에 이 수양산이 있어서,	東國有玆山
이 산을 족히 우러를 수 있네.	玆山足可仰
우리 오니 하늘가에 운기 서려,	我來際天靄
흉금이 또한 소슬하고도 명랑하네.	襟期亦蕭朗
말세의 습속을 스스로 힘쓰지 않고,	末俗不自勵
속히 먼저 나를 기망함을 두려워하자.	徑先畏欺罔
모르겠네, 백세 뒤 훗날에,	不知百世下
몇 사람이 웅장을 취할지.[126]	幾人取熊掌

'산의 인한 본체'는 『논어』에 보이는 공자의 말씀이다. '천하의

광거'는 『맹자』에 보이는 말로, '광거廣居'는 인仁을 가리킨다. '웅장'은 곰 발바닥 요리로 맛있는 진귀한 음식을 가리키는데, 여기서는 백이·숙제가 보여준 '청렴'을 비유한 말이다. 이러한 것은 남명의 지향과 다르지 않으니, 수양산은 한유한이 은거한 사실과 연관하지 않더라도 남명의 정신과 일맥상통하는 점이 있다. 그러므로 고마정곡은 덕산구곡 제4곡으로 설정해도 무방하다.

대체로 구곡에서 제5곡은 구곡의 중심지로서 구곡에 은거한 사람이 살던 곳을 지정한다. 따라서 산천재를 제5곡으로 삼아야 하므로, 고마정을 제4곡으로 삼은 것이다.

05

제5곡 산천재山天齋

산천재의 의미

산천재는 임진왜란 때 소실된 뒤로 복원되지 못하고 약 225년
동안 잡초만 무성한 터로 남아 있었다. 그러다가 1817년 가을 본
손과 유림이 함께 도모하여 공사를 시작해 1818년 3월에 완공하였
다. 그리고 1824년 남명이 스승처럼 받들던 사성현四聖賢의 유상遺
像을 다시 마루에 봉안하였다. 산천재가 이처럼 뒤늦게 복원된 것
은 1623년 계해정변으로 남명학파가 몰락하여 남명의 유적을 복원
할 만한 구심점이 없었기 때문이다.

지금 산천재에는 두 개의 현판이 걸려 있다. 하나는 전서篆書로
쓴 것인데, 판서를 지낸 조윤형曺允亨의 글씨이다. 하나는 해서楷書
로 쓴 것인데, 참판을 지낸 이익회李翊會의 글씨이다. 네 기둥의 주
련柱聯 「덕산복거」는 남명의 11세손 조병철曺秉哲이 쓴 것이다. 산
천재 왼쪽에 남명의 대표적인 시 「제덕산계정주題德山溪亭柱」를 쓴
시판이 걸려 있는데, 이 글씨도 조병철이 썼다.

산천재에는 단청을 칠해 놓았다. 본래 조선 시대에는 사가私家의 단청을 금하였으니, 산천재도 단청을 칠하지 않았을 것이다. 그런데 지금에 이처럼 단청을 칠한 것은 어째서일까? 혹자는 '남명이 화려함을 좋아하여 단청을 칠하였다'고 하는데, 남명이 국가의 법제를 어기면서 화려함을 추구할 리는 없으며, 또 그렇게 부유하지도 않았다. 그러므로 그 설은 누군가가 지어낸 낭설일 것이다.

산천재를 복원한 뒤 1824년 네 성현의 초상을 봉안하였고, 유림이 이곳에서 석채례釋菜禮를 행하였다. 그러니까 남명 생존 당시에는 단청을 칠하지 않았을 것이고, 1818년 복원한 뒤 네 성현의 초상을 봉안하면서 신위를 모신 사당처럼 여겨 단청을 칠한 듯하다.

산천재 마당에는 '산청삼매山淸三梅'의 하나로 일컬어지는 '남명매南冥梅' 한 그루가 있다. 이 매화나무는 언제 누가 심었는지 알 수 없지만, 수령이 오래된 고목으로 초봄이면 군자다운 향기를 세상에 퍼뜨린다. 이 매화나무를 남명이 산천재에 기거할 적에 손수 심었다는 설이 있는데, 확인할 길은 없다.

지금 산천재 매화나무 아래에는 남명이 지은 「우음偶吟」이라는 시를 새긴 시비詩碑가 있다. 그 시에 "작은 매화나무 밑에서 붉은 점을 찍다가, 큰 소리로 『서경』 「요전堯典」을 읽네.(朱點小梅下 高聲讀帝堯)"라는 구절이 있으므로, 남명이 산천재에 매화나무를 심은 것으로 와전된 듯하다. 1818년 산천재를 복원하기 전의 기록에는 어디에도 이 매화나무에 대한 언급이 없으니, 「우음」이라는 시에 나오는 매화나무가 산천재 앞의 매화나무라고 단정할 수 없다.

산천재 매화나무

또한 매화나무는 수령이 대체로 2백 년을 넘지 않는다. 임진왜
란 때 산천재가 불타고 2백여 년 동안 폐허가 되었으니, 그 자리에
매화나무가 있었다면 후대까지 생존했을 가능성은 희박하다. 만약
그 매화나무가 살아 있었다면, 산천재를 복원할 적에 남명이 직접
심은 것이기 때문에 누군가는 그것을 기록해 놓았을 것인데, 그런
기록이 전혀 없다. 지금 산천재 앞에 있는 매화나무는 1818년 산천
재를 복원하면서 심은 것으로 추정된다.

산천재의 현판을 걸어놓은 처마 밑에는 삼면에 벽화가 그려져
있다. 그중 하나는 신선들이 바둑을 두는 그림으로 '상산사호도商山
四皓圖'라고 부른다. 상산사호는 진시황의 학정을 피해 남전산藍田山

에 들어가 은거한 동원공東園公, 각리선생角里先生, 기리계綺里季, 하황공夏黃公을 가리킨다. 이들은 한 고조가 천하를 통일하고 초빙하였으나 나아가지 않고 종남산終南山에 은거하였다. 이들은 모두 은자이니, 이 그림은 이곳이 은자의 처소였음을 상징한다.

또 하나는 몸을 씻는 사람과 소를 타고 가는 사람을 그린 그림으로 '허유소보도許由巢父圖'라고 부른다. 즉 기산箕山과 영수潁水에 은거한 소보巢父와 허유許由를 그린 그림으로 추정하고 있다. 요임금이 허유에게 천하를 물려주려 하자, 허유는 그 소리를 듣고서 '자신의 귀를 더럽혔다'고 여겨 영수의 물에 귀를 씻었다. 그때 마침 송아지를 끌고 와서 그 물을 먹이던 소보는, '허유가 귀를 씻은 물에 송아지의 입을 더럽혔다'고 하여 소를 끌고 상류로 올라가 물을 먹였다고 한다. 허유와 소보는 요임금 시대 은자를 대표하는 인물이니, 이 그림 역시 은자의 처소임을 말해주고 있다.

마지막 하나는 사람이 소를 몰며 밭을 가는 그림으로 '이윤우경도伊尹牛耕圖'라고 한다. 이윤은 상나라 탕임금을 도와 태평 시대를 이룩한 인물이다. 그는 처음에 유신씨有莘氏의 들녘에서 농사를 지으며 요·순의 도를 즐기면서 세상에 나아가려 하지 않았다. 그러다 탕임금의 간곡한 요청에 의해 출사하여 천하를 태평 시대로 만들었다. 이 그림 역시 이윤이 은거할 때의 모습이니, 이곳이 은자의 처소임을 말해준다.

이 벽화는 모두 남명이 무도한 세상에 나아가지 않고 깊숙이 은거한 것을 상징적으로 드러내 보인 그림인데, 누가 언제 그렸는지

상산사호도

허유소보도

이윤우경도

는 아무도 모른다. 이 세 그림 모두 '은자의 처소'였음을 드러낸 것이지만, 남명을 중국 역사 속의 이런 은자들과 동일하게 보아서는 안 된다. 남명은 벼슬길에 나아가지 않고 은거했지만, 현실정치에 대해 눈을 감지 않고 적극적으로 참여하여 자신의 목소리를 냈다. 그러므로 남명은 출처出處의 대절을 보인 인물로 평한다. 은隱은 세상에 나아가지 않고 숨는 것이지만, 처處는 출出과 상대적인 말로 벼슬길에 나아가지 않았을 뿐이지 세상을 피해 숨는 것이 아니다. 그래서 남명은 임종하기 전에 자신이 운명한 뒤의 호칭을 '처사處士'라 쓰라고 유언까지 하였다.

이런 관점에서 보면, 남명은 허유·소보·상산사호와는 다르며 이윤과는 동질성이 있다. 그러므로 이 세 그림은 남명의 진면목을 제대로 안 사람이 그린 그림이라고 할 수 없다.

산천재에서의 정신 지향

남명은 언제부터인가 공자孔子, 주돈이周敦頤, 정호程顥, 주희朱熹의 초상을 그려 병풍으로 만들어 안치해 놓고서 엄숙히 스승을 대하듯이 하였다고 한다. 산천재에서 생활할 적에도 동쪽 협실에 네 성현의 초상을 안치하였다고 한다. 이는 남명이 이분들을 스승으로 삼고 이분들처럼 되기를 희망했음을 말해준다. 『맹자』에 보이듯이, 유교에서는 누구나 노력하면 요임금·순임금 같은 성인이 될 수 있다고 한다. 남명이 '나는 공자를 배우고자 하는 사람이다'라고 한

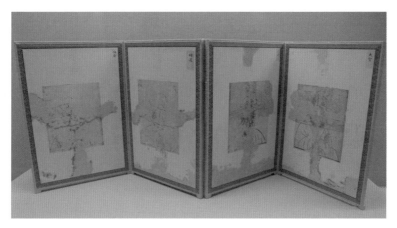

사성현도(남명기념관 소장)

말이 바로 이런 지향을 말한 것이다.

　주돈이는 정호程顥·정이程頤가 배운 스승이며, 「태극도설太極圖說」을 지어 송대 신유학의 우주론을 정립한 학자이다. 북송 때 시인 황정견黃庭堅은 주돈이의 인품에 대해 "주무숙周茂叔(주돈이)은 인품이 매우 높아 가슴속이 시원하고 깨끗하여 광풍제월光風霽月과 같다."[127]라고 하였는데, 남명도 광풍제월처럼 깨끗한 흉금을 갖고자 하였다.

　'광풍光風'은 '바람에 빛이 난다'는 뜻으로 바람은 본래 빛이 없는데, '풀 위로 바람이 불면 빛이 난다'는 뜻이다. '제월霽月'은 비 개인 맑게 갠 밤하늘에 맑은 달이 뜬 것을 말한다. 광풍제월은 마음속에 인욕이 말끔히 제거되어 구름 한 점 없는 하늘에 밝은 달이 뜬 것처럼, 풀 위로 바람이 불어 밝게 빛이 나는 것처럼 깨끗하게 정화

된 마음을 가리킨다. 곧 성리학에서 추구하는 천인합일의 경지로 남명이 이르고자 한 목표이다.

정호·정이 형제는 모두 북송 때 이학理學을 창도한 학자이다. 정이는 사람됨이 엄중하여 다른 사람들이 감히 가까이 다가가지 못하였다고 한다. 반면 정호는 사람됨이 맑고 밝고 단정하고 깨끗하며, 충만하게 수양하여 도를 얻어서 온화하고 순수한 기상이 온몸에 흘러넘쳤다고 한다. 또 정호는 성의誠意·정심正心에 근본을 두고서 성현의 도에 반드시 이를 수 있다고 여겨 역행力行에 힘써 한갓 글만 보는 공부를 하지 않았다고 한다.

남명은 정호·정이의 학문을 모두 수용하였다. 정이의 엄격함을 그대로 배워 시를 짓는 데 몰두하면 구도적 지향을 잃게 된다는 관점에서 시는 구도적 지향을 황폐한다고 경계하였다. 그러면서도 정호의 인품에 매료되어 그와 같은 학문을 하고자 한 것으로 추정된다. 그리하여 남명은 정호처럼 성의·정심에 근본을 두고서 성인이 되는 공부를 하였다.

공자는 유학을 창시한 성인이고, 주희는 신유학을 집대성한 분이니, 이는 곧 남명이 도달하고자 하는 목표이다. 남명이 공자와 주돈이·정호·주희 네 성현의 초상을 그려 봉안해 놓고 매일 스승을 받들듯이 공경한 것은 이 네 분을 롤모델로 삼아 그들이 이룩한 경지에 몸소 도달하고자 한 것이다. 여기서 우리는 다른 학자들과 변별되는 남명만의 색깔을 발견하게 된다. 특히 주돈이의 광풍제월의 흉금, 성현의 도에 이르고자 노력한 정호의 역행은 남명의 정신 지향에 큰 영향을 끼친 것으로 보인다.

또 남명은 산천재 방안 벽에 '경敬·의義'를 크게 써서 붙여 놓고 매일 주목하였다. 그리고 이 '경·의'를 '오가지일월吾家之日月'이라 하여, 해와 달에 비유해 중시했다. 남명의 경의사상은 경敬을 통해 조금도 거짓이 없는 진실한 마음을 유지하는 것과 그것을 바탕으로 남을 대하고 일을 처리할 때 의義에 맞게 하는 것이다. 이것을 일상에서 실천하는 것이 바로 남명의 실천이다. 그런데 요즘 사람들은 이를 모르고, 남명의 경의와 실천을 입버릇처럼 말하면서도 정작 경의를 실천하지 못하고 있다.

남명은 또 「신명사도神明舍圖」를 옆에 두고서 한시도 그 정신을 잊지 않으려 했다. 「신명사도」는 남명 사상의 결정판이다. 이 그림은 한마디로 마음이 움직일 적에 삼엄한 기상으로 살펴 악으로 빠지지 않게 하는 데 핵심이 있다. 그런데 그냥 평범한 의지로는 안 되기 때문에 나라의 임금이 사직에서 죽을 각오로 임하듯이 해야 한다는 것이다. 그래서 궁궐을 그리고 임금이 나라를 다스리는 데에 비유한 것이다.

또 이 그림은 개인이 마음을 다스리는 일을 임금이 나라를 다스리는 일에 비유함으로써 심성 수양을 현실세계의 실무로 끌어냈다는 점에서, 심성을 수양하여 지선至善에 이르는 것을 유학의 실천으로 삼았다는 점에서 큰 의미가 있다. 이론이 아니라 일상에서 힘써 실천하도록 한 것이다.

남명은 1561년 드디어 천왕봉이 보이는 덕산으로 이주하면서 다음과 같이 노래하였다.

봄 산 어느 곳엔들 향기로운 풀이 없겠는가마는,　　春山底處無芳草
천왕봉이 하늘에 가까이 다가간 것을 사랑해서이네.　只愛天王近帝居
빈손으로 들어왔으니 무엇을 먹고 살 것인가,　　　白手歸來何物食
은하 같은 십 리 저 냇물 마셔도 오히려 남겠네.[128]　銀河十里喫猶餘

　　제2구의 '제거帝居'는 '상제가 사는 곳'으로 천天을 의미한다. 천
은 '하늘'을 의미하기도 하지만, 만물을 낳아주고 길러주는 '주재
자'를 의미하기도 한다. 그래서 천은 리理가 말미암아 나오는 곳으
로 본다. 『중용』 첫머리에 "하늘이 모든 생명체에게 명한 것을 성性
이라 한다.(天命之謂性)"라고 하였는데, 주자의 주에 "천天은 음양·오

산천재에서 바라본 천왕봉

행으로 만물을 화생化生하여 기氣로써 형체를 이루어 주고, 리理를 또한 거기에 부여해 준다."[129]고 하였으니, 천은 '만물의 주재자'이면서 '존재의 근원'에 해당한다.

이 시는 지금 산천재 주련으로 걸려 있다. 이 시를 보면, 남명이 왜 이곳에 터를 잡고 이사를 하였는지 알 수 있다. 산천재 앞 언덕 밑은 본래 덕천강의 작은 지류가 흐르던 시내였다. 그 시냇가에 남명이 초정草亭을 지었는데, 그 옆에 상수리나무가 있어서 '상정橡亭'이라 하였다. 남명이 상정의 기둥에 써 붙인 시가 「제덕산계정주」이다.

청컨대 저 천석들이 종을 보시게,	請看千石鍾
크게 치지 않으면 두드려도 소리 없다오.	非大扣無聲
나도 어찌하면 저 두류산처럼 되어,	爭似頭流山
하늘이 울어도 울지 않을 수 있을까.[130]	天鳴猶不鳴

이 시의 '천석종千石鍾'은 곧 천왕봉이다. 그 종소리는 조선 팔도에 울릴 정도로 우렁차니, 곧 도가 발현하여 세상에 미치는 교화를 상징한 것이다. 남명은 이 초정에서 천왕봉을 바라보며 사화로 무너진 도덕과 기강을 다시 일으킬 도를 구하였는데, 그 도는 유별난 것이 아니라 천인합일의 성誠에 이르는 것이었다. 성誠은 천도天道인데, 사람의 마음으로 말하면 진심으로 꽉 차서 조금도 사사로운 마음이 없는 진실무망眞實無妄의 경지이다. 이것은 바로 공자로부터

「제덕산계정주」시판

주자로 이어져 내려온 도이다. 남명은 이런 도를 추구하기 위해 이
곳으로 이사를 한 것이다. 그러므로 이곳 산천재는 '조선 도학의 본
산'이라는 의미를 가질 수 있다.

　남명의 문인 강익姜翼은 함양 사람으로 산천재에서 와서 남명에
게 배웠는데, 어느 날 남명을 모시고 달을 감상하다가 다음과 같이
노래했다.

흰 달은 밝아 가을날 빨래한 옷처럼 희고,	素月明秋練
맑은 시내 고요하여 물결도 일어나지 않네.	澄流靜不波
봄바람이 하도 좋아 밤새도록 앉아 있으니,	春風坐一夜
이 참된 맛이 정히 어떠한가.[131]	眞味正如何

이 시의 '흰 달의 밝음(素月明)'과 '맑은 시내의 고요함(澄流靜)'은 바로 남명의 정신세계를 비유한 말이다. 밝음과 고요함이 곧 남명이 평소 추구하던 한 점 티끌도 없는 진실무망한 마음이다. 또 '가을날 빨래한 옷(秋練)'은 증삼曾參이 공자의 경지를 '양자강과 한수漢水에 세탁하여 가을볕에 말린 것처럼 희고 희어 그보다 더한 것이 없다'[132]라고 한 것을 비유한 말로, 한 점 티끌도 없는 깨끗한 마음을 가리킨다. 강익은 이런 선생의 정신세계에 흠뻑 취해 있는 즐거움을 '진미眞味'라고 표현하였다. 강익은 산천재에서 남명을 모시고 공부하면서 광풍제월 같은 남명의 마음을 엿보고서 그 기쁨을 이처럼 노래하였다. 이 시 역시 도학의 진면목을 표현한 것이다.

19세기 전반에 활동한 하진현河晉賢은 산천재에 찾아와 남명이 살아계실 때 학문을 강론하던 모습을 머릿속에 그려보며 다음과 같이 노래했다.

산천재에서 도덕을 강론한 일 그 옛날 어느 때던가,   山天講德昔何時
남명 선생 조용한 모습 지금도 완연히 살아계신 듯.   函丈從容宛在玆
수우당 각재 동강 한강이 좌우에서 모셨을 테고,   愚覺東寒陪左右
명선과 성신, 경과 의를 상세히 밝혀 논하였겠지.   明誠敬義澈毫絲
빛나는 문장 변치 않아 상자 속의 책에 남아 있고,   星文不變遺箱鋏
묵으로 그린 초상화 남았느니 옛 성현의 모습일세.   墨彩遺存古聖儀
백세토록 전해지는 고풍을 문득 우러르는 이곳에서,   百世高風瞻忽地
소생이 늦게 태어나 슬픈 것 어찌 감당하리오.[133]   那堪小子晩生悲

'수우당守愚堂'은 최영경崔永慶의 호이고, '각재覺齋'는 하항河沆의 호이고, '동강東岡'은 김우옹金宇顒의 호이고, '한강寒岡'은 정구鄭逑의 호이다. '명선明善'과 '성신誠身'은 『중용』에 보이는 말로, 진리를 탐구하여 선을 밝히는 공부와 그것을 바탕으로 자신을 진실하게 하는 실천을 가리킨다. 또 '초상화'는 남명이 그린 사성현도四聖賢圖를 가리킨다. 이 시 역시 남명 당대 도학을 강론하던 모습을 드러낸 것이다.

1818년 산천재가 복원되고 난 뒤, 수많은 순례자가 이곳에 찾아와 남명의 도학을 회상하며 다시 그런 도학을 일으키려 하였다. 특히 1870년 덕천서원이 훼철되고 난 뒤에는 산천재가 남명학의 정신적 구심점이 되었다. 이곳에서 석채례를 지내고, 이곳에서 남명의 도학을 강론하였다. 한말 권재규權在奎가 지은 아래의 시를 보면 이런 사실을 알 수 있다.

산천재 무너지고 얼마나 많은 세월 흘렀나,	宮墻埋沒幾多時
선생의 유풍은 아직도 변치 않고 그대론데.	夫子遺風尙不移
경의는 우리 유가의 일월과 같다는 말씀,	敬義吾家昭日月
이곳 옛 산천재 자리에 보존되어 있구나.	依歸此地舊堂基
유생들 극진히 할 수 있어 동남 지역 아름다웠고,	靑襟得盡東南美
책을 능히 펼 수 있어 선후로 도를 알게 되었네.	黃卷能開先後知
서원의 글 읽는 소리 아직도 끊어지지 않았으니,	鹿洞絃歌猶不絕
다시 규성奎星의 운수 돌려 천년을 기약하세.[134]	更回奎運一千期

남명은 임종하면서 '경敬·의義는 우리 유가의 일월이다'라고 하였는데, 권재규는 이 말을 떠올리며 산천재의 상징성이 바로 이 경의에 있다 하였고, 이를 오래 계승하자는 의지를 다지고 있다. '규성'은 28수宿 중 하나로 문운文運을 관장하는 별이다.

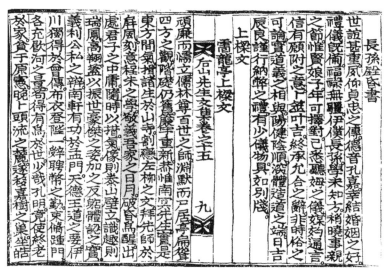

허유 『후산집』에 보이는 남명의 '경의오가지일월'

06

제6곡 취성정醉醒亭

취성정은 덕천서원의 부속 건물로 유식遊息(거닐거나 휴식함) 공간
이다. 따라서 취성정곡은 물굽이에 붙인 구곡의 명칭이지만, 실제로
는 덕천서원 전체를 포괄한다. 즉 제6곡 취성정곡은 남명을 제향하
는 덕천서원을 가리킨다. 다만 여기서는 구곡을 중심으로 논의하기
때문에 덕천서원의 공간이나 창건사실 등에 대해서는 중복을 피하
기 위해 생략하기로 한다.

세심정은 창건할 때 하항河沆이 붙인 이름인데, 얼마 뒤 최영경이
취성정으로 바꾸었다. 그리고 정유재란 때 소실되었다가 1611년 다
시 중건하고서 취성정이라는 현판을 달았다. 그런데 언제부턴가 세
심정과 취성정은 별개의 정자로 독립되어 공존하였다.

그러나 17~18세기 이 지역 학자들의 시문 속에는 '취성정'이 잘
나타나지 않고, 대신 '세심정'이 자주 등장한다. 경상국립대학교 남
명학고문헌시스템에서 '취성정'으로 검색하면 기사명에 5편의 시가
나올 뿐인데, '세심정'으로 검색하면 82건이 나온다.

앞에서 살펴보았듯이 1815년 취성정 터에 정자를 중건하고 풍

영정으로 이름을 바꾸었는데, 그 이전에 취성정이 무너져 중수되지 못하고 한동안 방치되었음을 알 수 있다. 요컨대 취성정은 18세기까지 존속하다가 어느 시기에 무너져 한동안 중수되지 못한 채 방치되었고, 1815년 이후로는 '풍영정'으로 이름이 바뀌어 그 정체성을 잃어버렸다.

취성정을 찾은 순례자들도 이 정자의 명칭을 음미하며 남명을 회고하였는데, 하익범河益範은 취성정에서 다음과 같이 읊었다.

한가한 날 진경 찾아 이 취성정에 올라,	暇日尋眞上此亭
남명 선생의 지결인 성성의 의미를 묻네.	先生旨訣問醒醒
아 세상 사람들 혼몽한 데 취한 지 오래이니,	嗟爾世人昏醉久
원컨대 천년토록 이 명칭을 돌아보았으면,[135]	願言千載顧玆名

하익범은 세심정에 올라 현판에 걸린 시에 차운하고, 취성정에 올라 현판에 걸린 시에 차운하였으니, 그가 살던 시기에는 두 정자가 나란히 존재했음을 알 수 있다. 하익범은 남명이 성성자를 차고 다니며 마음을 혼몽하게 하지 않으려 했던 것을 남명학의 핵심으로 보면서, 속된 욕망에 사로잡혀 술에 취한 것처럼 혼몽한 상태로 살아가는 당시 사람들을 걱정하고 있다.

다음 시대 하진현河晉賢도 취성정에서 "대중들 취해 긴 밤 같은 암흑세상을 가련히 여겨, 홀로 깨어나서 일심의 천리를 한가로이 지키셨네."[136]라고 하면서 남명학의 핵심이 혼몽한 상태에 마음을 빼앗기지 않고 늘 또렷이 각성한 상태를 유지하는 것으로 보았다. 하진현도 세심정과 취성정에 올라 모두 시를 지었으니, 그가 살던 시대에도 두 정자는 별도로 존재했음을 알 수 있다.

취성정과 세심정은 남명의 문인이 붙인 명칭인데, 모두 남명의 정신 지향을 잘 보여주고 있다. 세심정에서 『주역』「계사전」의 '세심洗心'의 의미를 되새기며 하수일河受一이 지은 「세심정기洗心亭記」를 읽는다면, 흘러가는 물을 보고 그 근원을 생각하는 공자와 맹자의 마음을 깨우칠 수 있을 것이다. 또한 취성정에서 이 정자의 명칭을 생각하며 혼몽한 상태에서 얼른 깨어나 세상사를 올바로 인식하게 된다면 물리物理와 사리事理와 도리道理를 아는 합리적인 지식인이 될 수 있을 것이다. 이것이 제6곡 취성정곡의 장소적 의미이다.

07

제7곡 송객정 送客亭

고령에 살던 박경가朴慶家는 57세 때인 1835년 지리산을 유람하
면서 덕산에 이르렀다. 그는 송객정 고사를 전해 듣고 시를 한 수
지었는데, "남명 선생이 객을 전송하던 곳, 붉은 나무가 석양 녘에
물들었네."[137]라고 하였으니, 그가 찾아온 1835년에는 정자가 없고
정자나무만 있었음을 알 수 있다.

19세기 후반 단성에 살던 최숙민崔琡民도 "그대와 평생 손을 놓
고 헤어지던 곳, 그대 먼저 떠나 슬픈 마음 한이 없네. 유독 언덕 위
에 나무 한 그루 있는데, 예전 모습 그대로 변치 않고 푸르구나."[138]
라고 노래한 것을 보면, 19세기 말까지 송객정은 없었다는 사실을
알 수 있다.

송객정은 1897년 후손 및 지역의 뜻있는 유림에 의해 세 칸의
정자로 창건되었다.[139] 실로 남명이 돌아가신 지 3백여 년이 지난
뒤의 일이다.

송객정을 새로 짓자, 유학자들은 한결같이 기뻐하면서 남명 선
생 당시의 고사를 다시 회상하였다. 하경칠河慶七은 그런 기쁨을 다

송객정 유지 덕교마을

음과 같이 노래했다.

나무 한 그루에 송객정이라는 이름 전해왔는데,	一樹名傳送客亭
오늘 정자가 낙성되니 그 푸름이 배나 더해지네.	亭成今日倍增青
여기서 후학이 선현을 사모하는 마음 알겠으니,	從知後學羹墻慕
선현께서 이곳까지 오셨을 때가 아련히 생각나네.	緬想先賢杖屨停
뚫린 길은 굽이굽이 돌아 큰 들판으로 통하고,	孔路逶迤通大野
깨끗한 새 정자의 문미가 텅 빈 강물에 비추네.	新楣蕭灑映虛江
제생은 전해진 선생의 풍도 끊어질까를 염려해,	諸生恐或遺風斷
화려한 현판 아름다운 시 크게 써서 걸어놓았네.[140]	華額佳吟巨筆銘

작자는 남명의 도학이 없어질까 염려해서 현판과 시판을 걸어놓았다고 하였다. 산천재를 중수하는 데 힘을 아끼지 않은, 남사마을에 살던 정제용鄭濟鎔은 송객정을 새로 짓는 데에도 힘을 보탰던 듯하다. 그는 송객정을 낙성하고 감회에 젖어 다음과 같이 노래했다.

서리와 바람에도 고목은 절로 정정하기만 한데,	霜風老樹自亭亭
특별한 곳 비 갠 봉우리 아직 다 푸르진 않네.	特地晴峯未了靑
남명 선생이 나그네를 멀리 전송하시던 이곳,	方丈先生相送遠
산청 사는 가객은 얼마나 돌아보고 멈추었을까.	山陰嘉客幾回停
백세토록 우리 사문에 이 송객정 자리 남으리니,	百世斯文留此地
두서너 칸의 새 정자를 빈 물가에 새로 지었네.	數間新屋起虛汀
지금까지 서로 전한 지결이 있는 데 의지하여,	至今賴有相傳訣
우리 유가의 일월 같은 경과 의가 전해져오네.[141]	日月吾家敬義銘

정제용은 이 송객정이 유림에 영원히 전해질 것을 기약하며, 남명학의 핵심이 이 정자를 통해 길이 전승되기를 희망하였다.

송객정은 스승과 제자의 아름다운 작별의 장소로서 기억되었다. 그리하여 19세기 후반의 유람객은 이곳에 이르러 자신도 남명이 생존해 계실 때 태어나서, 오건처럼 총애받아 스승이 따라주는 전별주를 마시며 가르침을 받고 싶다고 푸념하기도 하였다.

지금은 송객정을 찾아볼 수 없다. 불과 1백여 년 만에 또 도가 없어지는 운수를 만나 그 아름다운 흔적을 상실하고 말았다. 송객정을 다시 지어 그 아름다운 고사를 이어지게 할 사람은 과연 없는 것일까? 후손이 복원하든, 유림에서 복원하든, 관청에서 복원하든 하루빨리 송객정이 번듯한 모습으로 세워져 산천에 빛을 더하고, 아름다운 산중 고사가 후세에 길이 전해지길 바란다. 마을 앞에는 수많은 정자를 지으면서, 이런 유적지에 정자를 세우지 않는 것은 참으로 불미스러운 일이다.

제7곡 송객정곡은 남명과 문인 오건의 아름다운 고사가 깃들어 있는 곳이다. 즉 스승이 멀리까지 나와 사랑하는 제자와 작별한 장소로서의 의미가 크다. 이 아름다운 고사를 19세기 후반 이 지역 지식인들이 환기하여 되살렸듯이, 이제 우리가 다시 이 기억을 되살려 길이 후세에 전해야 한다. 그러기 위해서는 송객정을 복원하고 기문과 시판을 걸어 누군가가 와서 보고 기억을 전승하게 해야 한다. 또한 앞의 두 편의 시를 보면 송객정은 시냇가에 있었음을 알 수 있으니, 복원하는 데 참고할 수 있을 것이다.

08

제8곡 면상촌面傷村

    19세기 후반 경상우도 지역 학자들은 송객정을 지나 면상촌에 이르면 오건의 고사를 떠올리면서 부러워하였다. 이는 곧 남명 같은 도학자가 살던 세상에 태어나 그 덕화에 흠뻑 젖어보고 싶은 안타까움을 표현한 것이다. 예컨대 삼가에 살던 정재규鄭載圭는 이곳을 지나면서 다음과 같이 소회를 기록해 놓았다.

    면상촌을 지났다. 옛날 오덕계吳德溪가 남명 선생의 문하에 찾아갔다가 돌아갈 적에, 남명 선생이 십 리 밖에 있는 큰 나무 밑에까지 나와 전별주를 따라 주셨다. 덕계가 취하여 이 마을 앞을 지나다가 말에서 떨어져 얼굴에 상처가 났다. 후인들이 그 나무를 이름하여 송객정送客亭이라 하고, 그 마을의 이름은 면상촌面傷村이라고 하였다. 나는 그곳을 돌아보고 배회하면서 그날을 상상했는데, 상쾌한 맑은 풍도가 예전처럼 소매 속에 느껴졌다. 아! 오덕계 얼굴에 상처가 난 그 멋을 아는 사람이 누구일까? 물고기는 냇물에서 자유로이 노닐고 산새들은 구름 속으로 날아가는구나. 후인들만 그런 멋을 알지 못할

면상촌(명상마을) 전경

명상마을 표지석

뿐만 아니라, 당시 오덕계 자신도 까마득히 알지 못했을 것이다.[142]

　정재규는 오건이 얼굴에 상처를 입은 것을 '멋'이라 하였다. 술에
취해 낙마하여 얼굴을 간 것이 어찌 '멋'이겠는가. 그러나 스승과
제자의 진정한 만남이라는 점에서 보면 정재규가 충분히 부러워할
만한 멋스러운 일이다.

　한말 이 지역의 큰 학자 곽종석郭鍾錫은 면상촌을 지나면서 다음
과 같이 노래했다.

객을 전송했던 송객정 앞으로 난 길,	送客亭前路
주점의 사람들 항상 술잔을 권하네.	壚人尙勸盃
이마에 상처가 난 멋은 잘 알지 못하고	未知傷面趣
한 푼 돈을 가지고 온 것만 애석해할 뿐.[143]	只惜一錢來

　곽종석도 오건의 이마에 난 상처를 '멋'으로 보고 있다. 그러면
서 후인들이 그 고사를 잊어버려 스승과 제자가 흉금을 터놓고 만
나 술잔을 기울이며 이야기를 나눈 진정한 만남의 의미를 모르는
세태에 대해 상심하고 있다.

　제8곡 면상촌곡은 제7곡 송객정과 마찬가지로 남명의 문인 오
건의 이야기가 전해지는 마을이다. 지금은 그 일화의 흔적을 잃고
근거 없는 '명상마을'이 되었는데, 하루빨리 예전의 이름으로 바꾸
어야 한다. 그리고 마을 명칭의 유래에 대해 안내하는 표지판을 설

치하여 '오건이 노새에서 떨어져 얼굴에 상처를 입은 곳'임을 알려야 한다. 오건은 산청이 낳은 최고의 학자로서 사람됨이 근후하고 신실하여 사림의 중망을 받은 인물이다. 면상촌곡은 오건의 산중고사가 있는 장소로서 전승되도록 적극적으로 알릴 필요가 있다.

곽종석의 『면우집』, 「면상촌을 지나며」

09
제9곡 대원사 大源寺

대원사의 장소적 의미

1890년 대원사가 중창되기 전에 대원사를 경유해 천왕봉에 오르는 등산코스가 개발되었고, 이로 인해 대원사는 경상우도 지역 학자들에게 주목받았다. 1877년 성주에 살던 이진상李震相은 남쪽으로 내려와 진주권 유학자들과 교유하였다. 그는 이해 음력 8월 여러 학자와 대원사를 경유하여 천왕봉에 올랐다가 다시 대원사로 내려왔다. 당시 그가 지은 시를 한 수 살펴보기로 한다.

푸른 바다 모서리에 치우치게 솟아,	僻生靑海隅
높이 흰 구름 끝에까지 솟구쳤구나.	高倚白雲端
눈으로 다 둘러볼 때 세상은 광대했고,	眼以窮時大
이 몸은 극처에서 관대함을 느꼈다네.	身於極處寬
삼경에 산초 술을 몇 잔 마시고 나니,	三更椒酒薄
팔월에 담비갖옷 입었는데도 써늘하네.	八月貂裘寒

| 새벽에 일어나니 하늘 바람 고요한데, | 曉起天風靜 |
| 선경의 누대에서 해 뜨는 것을 보았네.[144] | 仙臺見日還 |

이 시의 제3구는 공자가 태산에 올라 천하를 작게 여긴 의식을 맛본 것을 표현하였다. 제4구의 '극처'는 천왕봉을 가리키는데 단순히 가장 높은 정상을 의미하는 것이 아니다. 극처는 산으로 말하면 가장 높은 곳이고, 물줄기로 말하면 샘이 솟아 발원하는 곳이다. 즉 자연계로 보면 인간이 도달할 수 있는 궁극적인 지점이다. 그런데

대원사

인간의 정신 지향으로 보면 극처는 자연계의 궁극적인 지점이 아니라, 천도와 하나가 되는 천인합일의 경지이다.

이진상이 극처에서 관대함을 느꼈다고 한 것은 천왕봉에 올라 천리天理를 맛보았다는 것이다. 송나라 때 도학자들은 태산 정상에 서면 더 이상 태산이 아니고 하늘과 하나가 되는 것이라고 했다. 물리적으로 보면 태산의 정상이지만, 그곳은 천리와 하나가 되는 곳이기 때문에 더 이상 과정이 아니라는 것이다.

이진상이 맛본 관대함이 구체적으로 무엇인지는 알 수 없지만, 『중용』의 논리를 빌어 말하자면, 마음에 한 점의 사욕도 남아 있지 않은 진실로 가득 찬 성誠의 경지이니, 이는 곧 천도에 배합한 것이다. 그 관대함을 구체적으로 지적해 말한다면 인仁이라 할 수 있다.

당시 이진상과 함께 지리산을 유람한 박치복朴致馥은 대원암에서 천왕봉을 향할 때의 마음을 다음과 같이 노래했다.

연하를 탐하는 산수벽에 흥취 일어 올 때,	泉饞霞癖興來時
여산의 진면목은 도리어 알지를 못하였네.	眞面廬山却不知
온갖 홀 같은 푸른 봉우리 사찰을 감추고,	百笏靑峰藏法界
천 그루 붉은 나무 맑은 시의 재료가 되네.	千章紅樹料淸詩
우리 행차 절로 본원 찾아 끝까지 가려는 것,	吾行自是窮源本
나그넷길 기이한 경관을 골라 탐함이 아닐세.	客路非耽選景奇
양쪽 소매에 하늘 바람이 종일 급히 부는데,	兩袂天風終日急
절간에서 이틀 밤을 잤더니 걸음이 더디네.[145]	桑門信宿故遲遲

제2구의 '여산의 진면목'은 소식蘇軾의 「제서림벽題西林壁」에 "여산의 진면목을 알지 못하니, 단지 이 몸이 이 산속에 있기 때문.(不識廬山眞面目 只緣身在此山中)"이라 한 것으로, 작자가 지리산 속에 들어왔기 때문에 지리산의 진면목을 알지 못한다는 뜻이다.

이 시의 제5구와 제6구를 보면, 박치복도 지리산을 유람하는 이유가 기이한 경관을 구경하기 위해서가 아니고, 본원을 끝까지 찾아가려는 정신 지향에 있었음을 알 수 있다. 작자가 말하는 본원은 시내의 근원이 될 수도 있지만, 인도人道의 근원인 천天을 의미하는 것으로 보아야 할 것이다.

기호지방의 학자 송병순宋秉珣은 1902년 음력 2월 대원사를 유람하면서 다음과 같이 노래했다.

돌고 돌아 만 겹 깊은 두류산에 들어왔는데,	轉入頭流萬疊濆
작은 암자가 시내를 따라 근원을 찾게 하네.[146]	小庵卻逐磵源尋
냇물 근원이 다한 곳이 어디쯤일지 알겠으니,	磵源窮處知何在
밤새 똘똘거리는 냇물 소리가 내 마음을 씻네.[147]	通夜淙琤洗我心

제2구는 대원사라는 이름 때문에 이 대원사 계곡을 찾게 된 점을 말한 것이다. 송병순은 대원사에서 1박을 하였는데, 이 시를 보면 밤새 대원大源이라는 두 글자를 생각한 듯하다.

오늘날 대원사를 찾는 사람 중에 누가 송병순처럼 대원의 의미를 생각할까? 아마 그 이름의 의미조차 아는 사람이 없을 것이다.

시대가 어려울 때, 세상이 혼란스러울 때, 우리 선인들은 늘 근본을 생각하였다. 나의 근본, 사회의 근본, 국가의 근본을 누군가는 늘 생각해야 한다. 그래서 근본에서 벗어나는 일이 발생하면 '근본으로 돌아가라'고 사자후를 토해야 한다.

근본이란 무엇인가? 공자가 말씀한 '임금은 임금답고, 신하는 신하답고, 아비는 아비답고, 자식은 자식다운 것'이다. 임금이 임금답지 못하고, 아비가 아비답지 못하면 나라가 불행해지고, 가정이 파탄 난다. 우리는 이러한 사실을 여러 차례 경험해서 익히 알고 있다. 그런데도 대부분의 사람이 자신의 근본을 돌아보지 못하고 있다.

대원사는 조선 시대 성리학자들이 도의 근원을 찾아 나서는 형이상학적 정신 지향을 한 곳이다. 이런 관점에서 보면 대원사는 우리에게 늘 큰 근원, 큰 근본을 돌아보게 해주는 곳이다. 그러기에 한 번쯤 대원사를 찾아 나의 근본을 돌아보고, 인간 사회의 근본을 돌아보고, 국가의 근본을 돌아보는 일은 매우 의미 있는 일일 것이다. 정치인 중에는 정치적 결단을 내려야 할 때 지리산을 종주하는 사람이 있다고 들었다. 그들이 대원사에 이르러 나라의 근원, 세상의 근원을 한 번쯤 생각했으면 좋겠다.

속진의 수심을 씻으며

대원사는 지리산 골짜기 가운데 가장 깊숙한 곳에 위치하여 인적이 뜸한 곳이다. 그래서 속진俗塵이 거의 없는 신선 세계의 이미지가 많다. 또 무릉도원처럼 외부적인 수탈이나 억압이 없는 태곳적 모습을 간직하고 있다.

한말에는 지리산 골짜기에도 많은 사람이 거주하여 점점 세속화되었다. 그래서 지리산에서도 가장 때 묻지 않은 곳을 찾을 경우, 가장 깊숙한 곳에 위치하여 속인의 발길이 뜸한 대원사 계곡을 선호하였다. 19세기 전반에 주로 활동한 문상해文尚海는 대원사 계곡을 오르면서 깨끗한 계곡의 시내와 여울물을 통해 세속의 수심을 씻고 싶은 속내를 다음과 같이 노래했다.

가까이 선 양쪽 언덕 긴 시내 사이에 끼고,	兩崖相薄挾長川
바위 위엔 쏟아지는 여울 십 리나 뻗어있네.	石面飛湍十里連
우레처럼 뿜어대는 물소리에 산이 찢어질 듯,	噴薄如雷山欲裂
속진의 수심 감히 신변에 이르지 못하겠구나.[148]	塵愁不敢到身邊

한말의 이관후李觀厚도 하늘을 가릴 정도로 우거진 숲, 시내를 따라 난 가파른 길, 세차게 흘러가며 뿜어대는 백설 같은 하얀 물방울을 보면서 속진의 마음이 깨끗하게 정화되는 느낌이 들어 다음과 같이 노래했다.

숲과 구름 가득 차서 아침의 태양을 가리고,	林雲交織翳朝陽
절벽에 걸린 바위 위의 길 한 가닥이 길구나.	石路懸崖一線長
작은 폭포에 쏟아지는 물방울 백설처럼 흩날려,	短瀑飛淙紛白雪

나로 하여금 들이켜 속진의 마음을 씻게 하네.[149]　　令人吸取洗塵腸

　　이런 느낌은 대원사를 찾는 사람들의 공통된 마음이었을 것이다. 예컨대 이도추李道樞가 "별천지에 겨우 오른 뒤 바야흐로 절인 줄 알고, 시끄러운 속진을 떠나니 마을 이름도 모르겠네."[150]라고 노래한 것도 마찬가지의 정취일 것이다.

　　대원사에 이르러서도 이러한 청량감은 줄어들지 않았다. 그리하여 속진에서 벗어난 듯한 상쾌하고 시원한 기분을 맛보았다. 예컨대 구한말 조호래趙鎬來는 대원사 승방에서 다음과 같이 노래했다.

방장산의 구름이 깊숙한 이곳,	方丈雲深處
서루의 창이 객을 향해 열렸네.	書樓向客開
산중의 심경 등불 넘어 아득하고,	山心燈外邃
선계의 꿈은 경쇠 소리에 돌아오네.	仙夢磬中回
속인이 사흘 동안 암자에 머무는데,	俗子淹三日
야윈 승려는 오대산을 말하고 있네.	贏僧說五臺
조용히 서책을 펴놓고 앉아 있자니,	悠然開卷坐
세속의 티끌 사라짐을 참으로 느끼네.[151]	眞覺絕塵埃

　　조호래는 대원사에서 소란스러운 세속과 동떨어진 고요함, 티끌이 분분히 날리는 세상에서 벗어난 청정함을 느낀 듯하다. 이러한 정서는 예전 분들뿐만 아니라, 오늘날 우리도 마찬가지로 느끼

는 기분일 것이다. 그래서 우리 주위에는 언제나 세속의 때를 씻어 줄 청정한 구역, 때 묻지 않은 세계가 있어야 한다. 그것이 바로 신선 세계이다. 우리 선인들이 청학동을 늘 찾으려 한 것도 그런 마음에서일 것이다.

수세守歲는 섣달그믐날 밤 묵은해를 보내고 새해를 맞이하기 위해 잠을 자지 않고 밤을 새우는 풍습이다. 대체로 집안에서 등불을 밝히고 밤을 새우며 새해를 신성하게 맞이하는데, 한말 경상우도 지역에서는 대원사에 가서 수세하는 것이 유행하였다. 예컨대 19세기 말 이 지역에 살던 조성가趙性家·조성택趙性宅·하재문河載文·하협운河夾運 등은 대원사에 가서 수세하였는데, 하협운과 하재문은 당시의 느낌을 시로 남겨놓았다.[152]

대원사는 유학자들이 피서하고 수세하는 장소였을 뿐만 아니라, 독서하고 강학하는 공간으로도 활용되었다. 진주와 단성 등지에 살던 학자들은 대원사가 중건된 뒤 여름철에 시원한 이곳에 와서 독서하는 것을 좋아하였다.

대원사에 학자들이 모여 강학한 것은 19세기 말 노사학파에서 자주 있었던 일인 듯하다. 이 지역 출신으로 기정진奇正鎭의 문하에 나아가 수학한 인물로는 조성가·최숙민崔琡民·정재규鄭載圭 등이 있는데, 이들에 의해 경상우도 지역에 노사학단이 형성되었다. 주로 노론계 인사들이 이들의 문하에 나아가 배웠는데, 최숙민과 정재규의 문하에 배우러 오는 사람들이 많았다.

노사학단의 젊은 학자들은 최숙민과 정재규를 모시고 대원사에 가서 강학하였다. 남사마을에 살던 정제용鄭濟鎔이 지은 아래의 시를 보면 대원사에서 강론하던 모습을 상상해 볼 수 있다.

강론하면서 가끔 쉬는 것도 없으니,	講論無時歇
부지런히 논의하며 좋은 시간을 아끼네.	孜孜惜良辰
우리 앞에 백 갈래의 길이 나 있으니,	前頭百歧出
우리에게 근면하고 노고하라 경계하네.	戒我勤且辛
하루 종일 강론해도 싫증이 없어서,	窮日情無厭
다시 깊은 뜻 가르치며 정녕하게 일러주네.[153]	更深誨諄諄

이 시는 젊은 학자들이 최숙민을 스승으로 모시고 여름철 대원사에 가서 부지런히 학문을 강론하는 모습을 잘 그려내고 있다. 이러한 모임이 몇 차례 있었던 듯한데, 1900년 여름에는 최숙민과 정재규를 함께 스승으로 모시고 대원사에서 피서하며 학문을 강론한 기록이 있다. 정제용이 1900년 지은 시[154]와 하우식河祐植이 지은 시[155]를 통해 이러한 사실을 알 수 있다. 당시 조병희曺秉熹도 스승 정재규를 모시고 대원사로 들어가 강회에 참석하였는데, 그는 당시의 소회를 다음과 같이 노래하였다.

높고 높은 방장산이여,	巍巍方丈山
동방의 나라를 웅장하게 진압하네.	雄鎭幹維東
대원사 사찰 어찌 그리 우뚝한지,	寺宇何傑傑

빼어난 모습 두 봉우리 사이에 있네.	巧當兩峰中
훌쩍 벗어나 티끌을 털고 싶은 생각,	超然思振衣
높은 수레 점점 깊은 곳으로 들어가네.	高駕轉入深
국사를 모시고 옛 학문을 논하며,	與國論舊學
함께 절간 종소리를 편안히 듣네.	同安聽鍾音
성대하고 아름다운 서른 명의 호걸들,	優優三十豪
따르는 이들 모두 총명한 석학들이네.	追隨盡明碩
비천한 저도 또한 이 자리에 참석하여,	賤子亦往忝
봄바람이 부는 사석에 배알하게 됐네.[156]	得拜春風席

1900년 어느 여름날 경상우도 노사학단의 젊은 유학자들이 최숙민과 정재규 두 선생을 모시고 여름날 대원사에 모여 강회를 열었는데, 30여 명이나 참석하였다. 참으로 성대한 강학 모임이라고 할 수 있겠다. 요즘 학회에 나가보면 임원 및 발표자와 토론자를 제외하고는 거의 없다. 그런데 1백여 년 전 깊은 산중에서 학회를 하였는데, 39명의 학자가 참석했다는 것은 매우 특이한 현상이다. 그만큼 지식의 목마름이 있었다는 뜻이기도 하다.

德山九曲
第六曲
醉醒亭曲
玄不

제5부

덕산팔경

팔경은 중국 호남성 동정호洞庭湖의 소상팔경瀟湘八景에서 비롯되었다. 팔경은 어느 지역의 특정한 경관 여덟 개를 지정해 그 지역의 명소로 삼은 것이다. 우리나라에서는 전통적으로 관동팔경關東八景과 단양팔경丹陽八景 등이 유명하며, 근래에는 지방자치단체에서 각자 팔경을 정해 지역의 명승을 홍보하고 있다.

18세기 전반 경북 칠곡에 살던 신명구申命耉가 덕산에 와 우거하면서 팔경을 지정하고, 「덕천팔경」이라는 시를 남겼다. 신명구는 덕산동의 자연경관을 무척 사랑하였으며, 남명학파와도 가깝게 지내 1735년 덕천서원 원장을 지내기도 하였다. 덕산팔경은 덕천서원에서 바라볼 때의 아름다운 경관 여덟 곳을 말한다.

신명구가 정한 덕천팔경은 입덕문入德門의 수석水石, 세심정洗心亭의 소나무 그늘, 구곡산九曲山의 물든 노을, 오대산五臺山의 맑은 비췻빛 봉우리, 한림산翰林山 제일봉에 뜬 가을 달, 사륜동絲綸洞의 저녁연기, 두 줄기 시내가 합류하는 못에서 고기잡이하는 횃불, 평촌平村의 농부들이 부르는 농요農謠이다.

입덕문의 수석은 강물이 줄어든 겨울에 가서 보면 바닥 암반에 기이한 돌개구멍이 있는 것을 볼 수 있다. 입덕문은 남명이 이름을 붙인 곳으로 덕산동의 동구에 해당하는데, 또한 수석까지 아름다우니 팔경의 하나로 그 의미가 충분하다. 세심정의 소나무 그늘은 덕천서원을 설계하고 창건한 최영경이 시냇가에 수십 그루의 소나무를 심어놓은 것이 우거져서 드리운 그늘을 가리킨다. 맑은 시내가 흐르고 그 언덕에 대장부 같은 장엄한 소나무가 시원한 그늘을 드리우고 있으니, 절로 청풍을 느낄 수 있는 장소였을 것이다. 이 두 경관은 덕천서원에 제향된 남명과 그의 문인 수우당 최영경의 정신을 상징적으로 말해준다.

구곡산에 드리운 붉은 노을은 덕산의 아름다운 경관 중 하나이다. 구곡산은 덕산의 서쪽에 위치하여 저녁노을이 물드는데, 때로 장관을 연출할 때가 있다. 오대산의 맑은 비췻빛 봉우리는 신록이 물든 봄날 오후에 보면 그 청신함을 더욱 잘 느낄 수 있다. 오대산은 덕산의 남쪽에 우뚝 솟은 봉우리로 의젓한 군자의 모습을 하고 있다.

한림산은 덕천서원에서 동쪽으로 봄·가을 해와 달이 뜨는 봉우리이다. 한림봉은 단성면 백운리에 있는 화장산을 가리키는데, 덕천서원에서 볼 때 시무산과 수양산 사이의 점잖게 생긴 봉우리이다. 한림은 글을 잘하는 사람을 가리키니, 한림산은 문필봉처럼 아름다운 글을 짓는 인물을 형상한 것이다. 사륜동의 저녁연기도 덕천서원에서 바라본 전경이다. 사륜동 민가에서 피어오르는 저녁밥을 짓

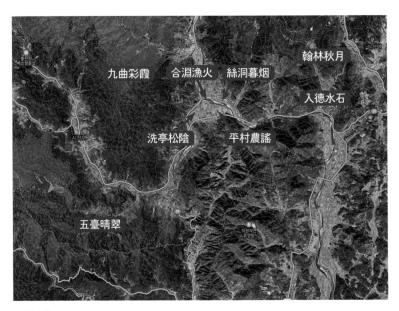

덕산팔경

는 연기는 덕산동의 정경을 시각적으로 상상하게 할 뿐 아니라, 무릉도원의 이미지를 연상케 한다.

대원사 계곡의 물과 중산리 계곡의 물이 합류하는 합연은 깊고 푸른 못이 형성되어 있었다. 그곳에서는 물고기들이 많이 살아 밤에 불을 밝히고 물고기를 잡는 사람들이 있었다. 그래서 신명구는 덕천팔경을 설정하면서 합연에서 물고기 잡는 사람의 횃불을 하나의 아름다운 전경으로 여겨 팔경에 넣었다. 그리고 천평리는 옛날 평촌이라 불렀는데, 이곳은 들판이 넓어 농사짓는 사람들이 많이 살았다. 그들이 농사철에 부르는 농요도 덕산의 아름다운 전경 중

하나로 보고 팔경에 넣었는데, 민생을 늘 걱정한 남명의 정신을 잘 반영하고 있다.

신명구가 설정한 팔경은 단지 산수가 아름다운 여덟 곳의 경관을 지정하는 데서 그치지 않고, 입덕문의 수석과 세심정의 소나무 그늘을 등장시켜 남명과 수우당의 도학 정신을 드러내고, 맑고 밝은 자태를 보여주는 오대산과 한림산을 등장시켜 군자가 사는 동네임을 드러내고, 구곡산의 저녁노을과 사륜동의 저녁연기를 드러내어 아름답고 평온한 민간의 마을을 시각적으로 보여주고, 합연의 고기 잡는 횃불과 평촌의 농요를 거론하여 주민들이 평화롭게 살아가는 살기 좋은 고장임을 말하고 있다. 이런 점에서 아름다운 경관만을 함께 묶어 설정한 다른 팔경과는 그 의미가 다르다고 하겠다. 도덕의 문명이 살아 있는 고을, 무릉도원처럼 고통이 없는 즐거운 삶을 영위하는 낙토로 팔경을 설정하고 그려냈다는 사실에 그 의미가 있다.

신명구는 이렇게 덕천팔경을 설정하고 오언절구로 다음과 같은 덕천팔경시를 지었다.

덕문수석德門水石

시냇가의 검푸른 바위 절벽 사이로,	蒼然巖壁間
입덕문이라고 새긴 세 글자 보이네.	入德門三字
그 아래에 탁영대 바위가 있으니,	下有濯纓臺
선계의 근원이 얼마쯤에 있겠구나.	仙源何處是

세정송음 洗亭松陰

무릉도원은 천고에 이름난 명승인데,	武陵千古勝
직접 보지 못하고 이름만 들어보았네.	不見但聞名
만 겹의 소나무 그늘 속으로 어렴풋이,	萬疊松陰裏
세심정이라는 작은 정자 하나 보이네.	洗心一小亭

구곡채하 九曲彩霞

아홉 굽이 무이구곡의 빼어난 경관이,	九曲武夷景
이 안에 있을 줄을 그 누가 알았으리.	誰知在此中
연무와 노을이 아침저녁으로 일어나서,	烟霞朝暮起
붉은색과 비췻빛이 겹겹으로 보이네.	紫翠看重重

오대청취 五臺晴翠

남쪽 구름 가에 옥 봉우리 서 있는데,	玉立南雲際
우뚝우뚝 다섯 봉우리가 늘어서 있네.	亭亭列五岑
비 온 뒤의 산색이 새롭게 파릇파릇,	雨餘山更碧
솟구친 몇 봉우리 푸른 빛 산뜻하네.	露出幾峰靑

한봉추월 翰峰秋月

동쪽 산봉우리 위로 달이 떠오르니,	月出東山上
한림산 제일봉에 달이 뜬 것이로세.	翰林第一峰
맑고 빛나는 달빛 머물지 않고 기울며,	淸光留不得

정자 밑으론 소리 내어 시냇물 흐르네.　　　　　　　亭下水溶溶

사동모연絲洞暮烟

적막하기만 한 사륜동 마을에는,　　　　　　　寂寞絲綸洞

산천재라는 이름난 곳이 있다네.　　　　　　　山天齋有名

남명 선생 유허지에 인적은 없고,　　　　　　　遺墟人不到

저녁연기 피어나는 것만 보일 뿐.　　　　　　　唯見暮烟生

합연어화合淵漁火

밤 깊어지자 어부들이 횃불 비추고,　　　　　　夜深漁火照

늦가을 푸른 덕천강은 텅 비었구나.　　　　　　秋晚碧江虛

사람들 떠드는 소리 조용히 들리니,　　　　　　靜聽人聲鬧

몇 사람이 물고기 잡는 줄 알겠구나.　　　　　　應知數獵魚

평촌농구平村農謳

농사일하는 노래 사방에서 들리니,　　　　　　農謳四處起

십 리에 펼쳐진 긴 교외 들녘 있네.　　　　　　十里有長郊

산골 백성들 농사지으며 편안히 살아,　　　　　峽民安耕鑿

논밭에서 요임금 때 격양가 노래하네.[157]　　　田間歌帝堯

신명구와 절친하게 지냈던 이 지역의 학자 하세응河世應도 신명
구의 시에 차운하여 「신국수中國叟(신명구)의 「덕천팔경」에 차운함」

이라는 제목의 시를 지었는데 다음과 같다.

덕문수석德門水石

서로 부르며 가는 이들 다시 길이 가물가물,　　招招行子復迷塗

입덕문 앞에 이르러서 큰 글자를 바라보네.　　入德門前看大字

바위 밑엔 시내 흐르고 구름 위로 솟은 산,　　巖下水流山出雲

근원을 찾아 오르는 지금이 옳은 줄 느끼네.　　窮源向上覺今是

세정송음洗亭松陰

위로는 검푸른 소나무 아래로는 푸른 냇물,　　上有蒼松下綠水

세심정이라는 화려한 편액이 높이 걸렸네.　　華篇高揭洗心名

티끌 하나 누가 없게 은밀히 간직해야 하니,　　一塵無累宜藏密

이 정자에서 지극한 이치 누가 능히 살피리.　　至理誰能玩此亭

구곡채하九曲彩霞

덕천구곡의 형승은 무이구곡과 마찬가지로세,　　德川形勝武夷同

아홉 굽이 맑은 시내 협곡으로 빙 둘러 흐르네.　　九曲淸流繞峽中

저녁나절에 연무와 노을이 모두 걷히고 나니,　　向晚烟霞都捲了

푸른 봉우리 진면목이 겹겹이 다 드러나누나.　　碧峯眞面露重重

사동모연絲洞暮烟

사륜동이 그 어느 날 빈 골짜기가 되었는가,　　絲綸何日入空谷

명예를 일삼지 않은 백세의 풍도가 전해지네.　百世風傳不事名
남명 선생 유허지에 연기 둘렀다고 탄식 말게,　莫歎遺墟煙火匜
봄날 교외에는 꽃다운 풀이 또 나고 날 터이니.　春郊芳草又生生

한봉추월翰峰秋月

한림봉의 유적지는 아득하여 찾을 길 없는데,　翰林遺跡邈難從
천고에 부질없이 우뚝한 봉우리만 남아 있네.　千古空餘屹立峯
지난 일이 아련하여 감흥이 많이 일어나는데,　往事悠悠多感興
가을날 밝은 달이 뜨고 시냇물은 졸졸 흐르네.　秋天月白水溶溶

오대청취五臺晴翠

남쪽으로 오대산 보니 허공에 푸른 봉 솟았구나,　五臺南望浮空翠
구름 위로 희미하게 보이는 푸른 옥 같은 봉우리.　雲外依微碧玉岑
문득 저 봉우리에 올라 큰 바다를 보고 싶으니,　便欲登臨觀大海
어느 때나 저 꼭대기에 걸어서 올라가 보려나.　何時擧足上頭尖

합연어화合淵漁火

양당 마을 동쪽의 물굽이 깊게 못을 이루었는데,　兩塘東匯深成澤
사방에서 산빛 비추어 푸른빛이 물속에 비추네.　四面山光暎碧虛
한밤중에 어부들이 횃불 밝히면 밑까지 보이니,　半夜漁燈明見底
깊이 잠겨 있는 것 연못의 물고기라 뉘 말하는가.　誰云潛伏在淵魚

평촌농구平村農謳

동에서 노래하면 서에서 화답하여 일시에 일어나니, 東謳西唱一時起

아득한 농촌 들녘이 십 리나 길게 뻗은 교외로구나. 漠漠田疇十里郊

산골짜기 풍속 임금의 힘을 입는 줄도 모르고 사니, 峽俗不知蒙帝力

요임금을 칭송한 가사인 줄 그들이 어찌 알겠는가.[158] 歌辭寧解頌唐堯

이런 자료를 통해 볼 때, 신명구와 하세응 등이 덕산동의 팔경을 최초로 정하였고, 시로 노래한 사실을 알 수 있다.

오늘날에는 덕산동에 사는 원로들에게 물어보아도 덕산팔경을 아는 이가 없다. 아마도 신명구가 정한 덕천팔경이 식자들에게 전승되다가 후대에 그 기억이 없어진 듯하다. 면상촌面傷村에 대한 기억이 사라짐으로써 엉뚱하게 '명상마을'로 변한 것처럼 기억의 상실은 역사와 문화를 잃어버리는 일이다.

1   朱熹, 『論語集註』, 「雍也」 제23장.

2   朱熹, 『論語集註』, 「先進」 제25장.

3   朱熹, 『論語集註』, 「子罕」 제17장.

4   朱熹, 『孟子集註』, 「離婁下」 제18장.

5   朱熹, 『孟子集註』, 「盡心上」 제24장.

6   朱熹, 『孟子集註』, 「盡心上」 註.

7   朱熹, 『晦庵集』 권2, 「觀書有感」.

8   李光地 等編, 『御纂朱子全書』 권66, 「武夷精舍雜詠-仁智堂」.

9   李光地 等編, 『御纂朱子全書』 권66, 「武夷精舍雜詠-隱求齋」.

10 朱熹, 『晦庵集』 권4, 「齋居感興二十首」.

11 朱熹, 『晦庵集』 권6, 「雲谷二十六詠-晦庵」.

12 화산(華山) : 중국 五岳의 하나로 西岳에 해당하는 산인데, 여기서는 지리산을 의미한다.

13 曺植, 『南冥集』 권2, 「遊頭流錄」.

14 曺植, 『南冥集』 권1, 「德山卜居」.

15 林薰, 『葛川集』 권3, 「書俞子玉遊頭流錄後」. "山水者 天地間 一無情之物 而厚重周流 實有資於仁智之樂矣 是以 世之求道者 不特於堯舜孔氏 而未嘗不之此焉"

16 洪仁祐, 『恥齋遺稿』 권3, 李珥 撰, 「遊楓嶽錄跋」.

17 李珥, 『栗谷全書』 收拾 권1, 「偶吟」.

18 李滉, 『退溪集』 권3, 「陶山雜詠并記-天淵臺」.

19 李滉, 『退溪集』 권3, 「陶山雜詠并記-天光雲影臺」.

20 曺植, 『南冥集』 권2, 「戊辰封事」. "所謂明善者 窮理之謂也 誠身者 修身之謂也 性分之內 萬理備具 仁義禮智 乃其體也 萬善皆從此出 心者 是理所會之主也 身者 是心所盛之器也 窮其理 將以致用也 修其身 將以行道也"

21 鄭仁弘, 『來庵集』 권13, 「南冥曺先生神道碑銘并序」. "視世之咸股不處執下隨人自認爲學問爲時中者 不啻精金與沙礦也 先生非遯世不悔之君子乎 依乎中庸 將

誰歸乎"

22　李滉, 『退溪集』 권43, 「李仲久家藏武夷九曲圖跋」.

23　鄭逑, 『寒岡集』 권9, 「書武夷志附退溪李先生跋李仲久家藏武夷九曲圖後」.

24　윤진영, 「구곡도의 전통과 白蓮九曲圖」, 『자연에서 찾은 이상향 九曲文化』, 울산
　　대곡박물관, 2010, 159쪽 참조.

25　최석기, 「도산구곡 정립과 도산구곡시 창작 배경」, 『한국한문학연구』 제53집, 한
　　국한문학회, 2014, 327~340쪽 참조.

26　李鼎基, 『蒼廬集』(한국역대문집총서 2568, 경인문화사, 1998) 권1, 「玉山九曲敬次
　　武夷九曲十首韻并識」.

27　安德文, 『宜庵集』 권4, 雜著 「東遊錄」.

28　安德文, 『宜庵集』 권4, 序 「三山圖誌序」. "嶺之南七十二州 山雄而水麗 古稱人材
　　之府庫 道德文章 節義忠孝 前後踵出 杖屨之所止 俎豆之所設 扁堂楣而揭院額者
　　何莫非南州人士所衿式而尊慕之哉 惟月城之玉山 宣城之陶山 晉城之德山 卽晦齋
　　退溪南冥三先生 棲息尸祝之所也 之三山之高 非由三賢而高哉 藐余小子 生長偏邦
　　旣不能遠而之中國 得見二夫子遺墟 則三山乃我東之尼武也 遂遍東南 觀盡三山之
　　院宇臺榭洞壑林泉 命畫工圖之 揭之中堂 又次三賢集中詩若干篇 以寓羹牆之慕云"

29　安德文, 『宜庵集』 권2, 「玉山書院」, 「陶山書院」, 「德山書院」 등 참조.

30　河範運, 『竹塢集』 권1, 「謹步武夷櫂歌韻 作三山九曲 奉呈漱亭參奉李丈-野淳-案
　　下 以備吾嶺故事-竝小序-」. "粤癸未冬 余以先集校勘之事 往禮安 就拜參奉李丈
　　於漱石亭上 (중략) 及告歸 手書陶山玉山二九曲題目 以贐之 使之和送 其意申申
　　有不可以寡陋而孤之者 乃以暇日 逐一拚和 附以德山一篇 遂成三山九曲 三山之有
　　九曲 所以見道學源流之盛 在於吾嶺云"

31　河範運, 『竹塢集』 권1, 「謹步武夷櫂歌韻 作三山九曲 奉呈漱亭參奉李丈-野淳-案
　　下 以備吾嶺故事-并小序-德山九曲」.

32　鄭栻, 『明庵集』 권3, 「敬次晦庵九曲櫂歌詩」.

33　河範運, 『竹塢集』 권1, 「謹步武夷櫂歌韻 作三山九曲 奉呈漱亭參奉李丈-野淳-案
　　下 以備吾嶺故事-并小序-德山九曲」.

34　曹植, 『南冥集』(아세아문화사, 1982) 권5, 金宇顒 撰, 「行錄」.

35　成汝信 撰, 『晉陽誌』 권1, 山川.

36　최석기, 『남명과 지리산』, 경인문화사, 2006, 110~119쪽 참조.

37　최석기, 「덕산구곡 설정의 필요성과 의의」, 『남명학연구』 제51집, 경상대 남명학연
　　구소, 2016.

38 權燀, 『霜溪集』 권1, 「白雲洞」. "先生三入洞 小子一來之"
河達弘, 『月村集』 권1, 「再入白雲洞」 註. "南冥先生甞三入洞中 俗號三遊洞"

39 曹植, 『南冥集』 권1, 「遊白雲洞」.

40 崔琡民, 『溪南集』 권2, 「白雲洞 謹次南冥先生韻」.

41 문정공 : 송나라 때 학자 胡安國의 시호.

42 趙性家, 『月皐集』 권3, 「南冥手種松」.

43 李道復, 『厚山集』 권1, 「過白雲洞 憩南冥先生手植松下」. "挾路盤松凜有風 我來緬仰入雲中"

44 李鉉德, 『晶山集』 권1, 「後頭流詩-入德門」 小註. "南冥先生所命名 裵洛川題刻 今爲新路撞破 厪有摹移他石 而殊失舊觀"

45 『대학』의 공부 : 『대학』은 덕으로 들어가는 문에 해당한다고 하고, 『중용』은 도에 들어가는 문에 해당한다고 한다. 이곳이 입덕문이기 때문에 그렇게 말한 것이다.

46 李東白, 『清灘集』 권1, 「入德門」. "入德門如入德門 川從山下出深源 先生去後門猶在 大學工夫此可論"

47 河鎭達, 『櫟軒集』 권1, 「入德門」. "兩山相對若開門 線路緣崖可驅轅"

48 河達弘, 『月村集』 권2, 「入德門」. "日暮天風起 驅車入德門"

49 朴慶家, 『鶴陽集』 권2, 「入德門」.

50 李佑贇, 『月浦集』 권1, 「次李叔眞遊德山諸作-入德門」.

51 胡廣 等撰, 『大學章句大全』, 經一章 小注. "朱子曰 格物是夢覺關 誠意是人鬼關 過得此二關 上面工夫 一節易如一節了"

52 曹禧奎, 『菖窩集』 권1, 「入德門」.

53 郭鍾錫, 『俛宇集』 권2, 「登濯纓臺」.

54 張錫藎, 『南選錄』 권상, 「頭流錄-叩馬汀」. "首陽之下 絲綸洞南 有是汀 叩馬之義 亦未詳 而皆指錄事言也 野說云 錄事隱於此 自上有召綸 錄事蹴後門 逃去於是汀 故曰叩馬 洞曰絲綸"

55 맹진 : 현 하남성 孟津縣에 있는 나루. 주나라 무왕이 은나라 주(紂)를 치기 위해 제후들과 맹약을 한 곳이다.

56 張錫藎, 『南選錄』 권상, 「頭流錄-叩馬汀」. "臣子堂堂叩馬宜 太公當日義人知 此汀不是孟津渡 好事東人妄號爲"

57 安益濟, 『西岡遺稿』 권1, 「首陽山」. "不識當年韓錄事 有何名節伯夷同"

58 『周易』, 「繫辭上傳」. "聖人 以此洗心 退藏於密 吉凶 與民同患 神以知來 知以藏往"

59 朱熹, 『論語集註』, 「先進」 제25장.

60 『古文眞寶』後集 권1, 「漁父辭」. "擧世皆濁我獨淸 衆人皆醉我獨醒"

61 한국정신문화연구원, 『古文書集成』 제25책(德川書院篇), 『德川書院誌』, 「創建事實」. "亂後草創 制度未稱 至是 乃增修祠宇 壯其樑桁 以舊材 起風詠亭於舊址"; 河憕 撰, 「德川書院重建記」. "以其舊材 移構醉醒亭"

62 한국정신문화연구원, 『古文書集成』 제25책(德川書院篇), 『德川書院誌』, 「創建事實」. "乙亥 純祖大王十五年 重修風詠亭"; 李益運 撰, 「風詠亭記」. "亂旣平 爲其腥穢也 易而新之 亭於入德門之西洗心亭之北 特起焉 (중략) 亭久廢壞 先生之孫縣監龍玩 與多士謀而改之 使來請書其事 後學延安李益運記 又改曰風詠"

63 河晉賢, 『容窩遺集』 권5, 「醉醒亭」. "亭近洗心懷死友 門通入德啓來賢"

64 『南冥先生編年』 64세조. "先生嘗送德溪 至陳橋 距山天齋十里許 至今溪上有樹名送客亭"

65 許愈, 『后山集』 속집 권5, 「頭流錄-面傷村」. "八日 天氣甚朗 食後發行 衡七辦行具之未備者 與俱 渡北川 行十里 休于送客亭 昔老先生送德溪 必遠將于此 亭之名 以此也 今老樹亭 亭上有落馬坡面傷村 傳言德溪辭先生而退, 與同門諸子 痛飮而別 不覺隨馬傷 而因以爲地名"

66 朱熹, 『中庸章句』, 제1장 註.

67 釋應允, 『鏡巖集』, 「大源庵記」. "盖州西水源 無大於此 而後人取道之大源出乎天 故殿名曰天光殿 樓名曰雲影樓"

68 이 시는 최석기가 2016년 덕산구곡을 설정하고 주자의 「무이도가」의 운자를 써서 지은 덕산구곡시이다.

69 朴旨瑞, 『訥庵集』 권4, 「陶邱臺記」. "洞之水 合於德川下流 而至陶邱臺下 匯而爲淵 臺在淵上 滄江激湍 噴玉而奔流 層嵐疊嶂 繞屛而布護 其蕭灑爽豁 便令人若登閬風狂寒門而隱隱 窮林邃壑 丹霞翠烟 白石蒼崖 雜以深松老檜 怪鳥奇禽 殆畫圖光景 非烟火氣像 盖德川初到 第一觀佳勝"

70 李濟臣, 『陶丘先生實記』 附錄 권2, 河沆 撰, 挽辭. "異人神人不覊人 三人合作一人身"

71 이상의 내용은 李濟臣의 『陶丘先生實記』 附錄 권3, 「撫錄」에 보인다.

72 李震相, 「陶丘臺 感古韻」(李濟臣, 『陶丘實記』 권3).

73 崔東翼, 『晴溪集』 권1, 「陶邱臺-李處士濟臣遺躅」.

74 朴致馥, 「陶丘臺 感古韻」(李濟臣, 『陶丘實記』 권3).

75 郭鍾錫, 『俛宇集』 권3, 「後頭流記行三十篇 洲上及晚醒諸公 因作上山之遊 故余不免再作此行-登陶丘臺」.

76 朱熹, 『論語集註』, 「先進」 제25장. "暮春者 春服旣成 冠者五六人 童子六七人 浴
    乎沂 風乎舞雩 詠而歸"

77 李濟臣, 『陶丘先生實記』 권3, 朴泰茂의 「陶丘臺」.

78 朴來吾, 『尼溪集』 권2, 「次仲應陶丘臺韻」.

79 鄭載圭, 『老栢軒集』 권2, 「登陶丘臺」.

80 鄭載圭, 『老栢軒集』 권2, 「登陶丘臺」.

81 金鎭祜, 『勿川集』 권12, 「白雲洞刻南冥先生遺蹟記」. "洞脣又有手栽古松 今距樑
    摧三百二十有二載 而鬱鬱蒼官 儼然勁寒 有如仁人志士閱金火遞運之變而剛毅有
    不挫之氣者然 亦可瞻敬"

82 曹植, 『南冥集』 권1, 「種竹山海亭」. "此君孤不孤 聱叟側爲隣 莫待風霜看 猗猗這
    見眞"

83 曹植, 『南冥集』 권1, 「淸香堂八詠-竹風」.

84 曹植, 『南冥集』 권1, 「淸香堂八詠-松月」.

85 이 내용은 趙性家의 『月皐集』 권3, 「南冥手種松」에 보인다.

86 이 내용은 河寓의 『潛齋遺稿』 「白雲洞松壇歌」에 보인다.

87 행단 : 공자가 제자들과 학문을 강론하던 은행나무 아래의 단을 말하는데, 혹 은
    행나무가 아니라 살구나무라고 하는 설도 있다.

88 河寓, 『潛齋遺稿』, 「白雲洞 松壇歌」.

89 權相直, 『敬山遺稿』 권1, 「白雲洞訪十八曲」.

90 金鎭祜, 『勿川集』 권1, 「白雲洞刻南冥先生杖屨之所八字于石 因拈韻賦其事 備山
    中古事」.

91 李道樞, 『月淵集』 권2, 「白雲洞口石 刻南冥先生杖屨之所八字」.

92 河啓洛, 『玉峰集』 권1, 「白雲洞 營精舍未果 刻南冥先生杖屨之所八字于石 因
    賦其事」.

93 成汝信, 『晉陽誌』 권1, 山川, 德山洞. "盤回屈曲 不深不淺 入首陽黔陰兩峽 中出德
    川遷 所謂頭流萬壑門者 此也"

94 李東白, 『淸灘集』 권1, 「入德門」.

95 河溍, 『台溪集』 권1, 「次趙監司竹陰-希逸-入德門韻-辛未年-」.

96 朴泰茂, 『西溪集』 권1, 「遊頭流山記行」.

97 文鎭龜, 『訥菴集』 권1, 「入德門」. "攀躋竟日休言苦 稍喜躬由入德門"

98 鄭鍾和, 『希齋集』 권1, 「乙巳秋 同諸益 作大源行 路中記行-刊朱語於源寺-入德
    門」. "莫將洞號尋常見 須把吾心仔細論"

99 金麟燮, 『端磎集』 권2, 「入德門」.

100 郭鍾錫, 『俛宇集』 권1, 「沙上賦」.

101 『德川書院誌』 「創建事實」 "庚午高宗七年 西紀一八七0年 書院毁撤"

102 금호(金湖) : 李道黙의 『南川集』에는 도구대와 서로 바라보이는 곳이라고 하였으며, 곁에 대나무 숲이 있다고 하였다. 도구대에 조금 못 미친 구만마을 앞의 호수처럼 넓게 물이 고여 있는 곳을 지칭하는 듯하다.

103 수수(洙水)·사수(泗水) : 모두 공자가 살던 노나라 曲阜 지역에 흐르는 강물의 이름이다. 공자의 도를 일컫는 말로 쓰인다.

104 洛陽·閩中 : 洛陽은 송나라 때 程顥·程頤 형제가 살던 곳이고, 閩中은 송나라 때 朱熹가 살던 곳이다. 후대에는 정자와 주자의 학문을 일컫는 말로 쓰인다.

105 소미성 : 曹植은 소미성의 정기를 타고났다고 한다.

106 엄광(嚴廣) : 후한 광무제의 벗으로 왕도를 펼 수 없어서 끝내 출사하지 않고 은거한 인물이다.

107 네 분……걸어두셨지요 : 남명은 산천재에서 기거하던 만년에 벽에 孔子·周敦頤·程顥·朱熹 네 성현의 초상을 걸어두고 직접 마주하듯이 매일 경건하게 예를 표했다고 한다.

108 상정(橡亭) : 산천재 앞 시냇가에 있던 초가 정자를 말한다. 여기서는 산천재를 가리키는 의미로 쓰였다.

109 고사리……유허지 : 입덕문 뒤편의 산이 首陽山이다. 수양산은 은나라 말 고죽국의 왕자였던 백이와 숙제가 들어가 고사리를 캐 먹고 살던 곳으로, 후대 청렴한 지조를 지키는 사람들이 사는 곳을 대표하는 이름이 되었다.

110 을축년 : 1865년을 가리킨다. 이해 8월에 태풍이 불어 홍수가 났다.

111 끝내……줄을 : 1870년에 덕천서원이 대원군의 서원철폐령에 따라 훼철된 것을 가리킨다.

112 세상에……없고 : 錢唐은 명나라 초 형부 상서를 지낸 인물이다. 명 태조가 맹자를 문묘에서 퇴출하려 하면서, 간언하는 자는 불경죄로 다스리겠다고 하였다. 아무도 나서서 상소하는 자가 없었는데, 전당이 홀로 나아가 가슴을 열고 화살을 맞을지언정 맹자를 퇴출해서는 안 된다고 직언하였다. 여기서는 목숨을 걸고 도를 지킨 상징적인 인물로 말한 것이다.

113 나무를……있었지요 : 桓魋는 춘추 시대 宋나라 때 사마를 지낸 인물이다. 공자가 천하를 주유할 적에 曹나라를 떠나 송나라에 이르러 큰 나무 밑에서 제자들과 예를 익히고 있었는데, 환퇴가 공자를 죽이려고 그 나무를 베어버렸다(『사기』 권47,

「공자세가」).

114 창랑수 : 滄浪水는 漢水의 지류로서 『맹자』 및 屈原의 「漁父辭」에 보인다.

115 칠일 : 7개월을 말한다. 『주역』復卦 괘사에 "그 도를 반복하여 이레 만에 와서 회복되네.[反復其道 七日來復]"라고 하였다. 즉 음이 자라 음이 극성하는 괘가 되었다가 7개월이 되면 다시 양이 아래에서 생겨나는 것은 복괘에 해당한다. 여기서는 도가 망해도 양이 다시 생겨나듯이 반드시 회복될 것이라는 뜻으로 쓰였다.

116 천광운영(天光雲影) : 주자의 「讀書有感」 시에 보이는 문구로, 연못에 비추는 하늘의 빛과 구름의 그림자를 말한다. 이는 자연의 현상이지만, 그것을 통해 천리가 유행하는 것을 살핀다는 의미를 갖고 있다.

117 광풍제월(光風霽月) : 송나라 때 黃庭堅이 周敦頤의 인품에 대해 표현한 말이다. 마음에 인욕과 물욕이 말끔히 제거되어 구름 한 점 없는 명월이 뜬 맑은 하늘처럼, 풀 위에 바람이 불어 그 물결에 밝은 빛의 바람이 유행하는 것처럼, 인욕이 사라지고 천리가 마음에 충만한 경지를 가리킨다.

118 郭鍾錫, 『俛宇集』 권1, 「入德門賦」.

119 朱熹, 『孟子集註』, 「離婁上」 제8장.

120 安益濟, 『西崗遺稿』, 「濯纓臺歌」.

121 郭鍾錫, 『俛宇集』 권2, 「登濯纓臺」.

122 金基鎔, 『幾軒集』 권1, 「濯纓臺」.

123 安益濟, 『西崗遺稿』 권3, 「頭流錄」.

124 산의 인한 본체 : 『論語集註』, 「雍也」에 보이는 말로, 공자가 "지혜로운 사람은 물을 좋아하고, 어진 사람은 산을 좋아한다.[知者樂水 仁者樂山]"고 하여 산은 仁에 물은 智에 비유한 것을 가리킨다.

125 천하의 광거 : 『孟子』「滕文公 下」에 보이는 말로, '廣居'는 仁을 가리킨다.

126 宋鎬文, 『柳下聯芳集』 권4, 「望首陽山」.

127 黃庭堅의 「濂溪詩序」에 보인다.

128 曺植, 『南冥集』 권1, 「德山卜居」.

129 朱熹, 『中庸章句』, 제1장 註. "天 以陰陽五行 化生萬物 氣以成形 而理亦賦焉"

130 曺植, 『南冥集』 권1, 「題德山溪亭柱」.

131 姜翼, 『介庵集』 권상, 「山天齋 侍南冥先生 賞月」.

132 朱熹, 『孟子集註』, 「滕文公 上」 제4장.

133 河晉賢, 『容窩遺集』 권5, 「山天齋」.

134 權在奎, 『直菴集』 권1, 「山天齋講會」.

135 河益範,『士農窩集』권1,「醉醒亭 次板上韻」.

136 河晉賢,『容窩遺集』권5,「醉醒亭」. "衆醉堪憐長夜世, 獨醒閒保一心天."

137 朴慶家,『鶴陽集』권2,「送客亭」. "冥翁送客處, 紅樹夕陽邊."

138 崔琡民,『溪南集』권3,「送客亭有感」. "平生分手地, 後死多悲傷. 獨有原上樹, 依然舊面蒼."

139 曹鎔,『惺溪集』권3,「送客亭記」.

140 河慶七,『農隱遺集』권1,「次韻新創送客亭」.

141 鄭濟鎔,『溪齋集』권1,「送客亭新建」.

142 鄭載圭,『老柏軒集』권32,「頭流錄-面傷村」. "過面傷村 昔吳德溪 往師門歸也 先生飮餞于十里大樹下 德溪醉 過此村 墮馬致傷 後人名其樹 曰送客亭 村以面傷名 顧瞻徘徊 想象當日 灑然淸風 依然入袖 噫 面傷之趣 識者 何人 魚川泳而鳥雲飛 不惟後人不識得 雖當日自家 悠悠乎不自知也"

143 郭鍾錫,『俛宇集』권2,「過面傷村」.

144 李震相,『寒洲集』권2,「還大源庵 鳴遠用朱子南嶽韻 賀天王峰壯觀 因次之」.

145 朴致馥,『晩醒集』권1,「大源庵」.

146 작은……하네 : 대원암의 이름이 큰 도의 근원을 의미하기 때문에 대원암 앞의 시내에서 근원을 생각한 것이다.

147 宋秉珣,『心石齋集』권1,「大源庵」.

148 文尙海,『滄海集』,「大源洞壑」.

149 李觀厚,『偶齋集』권1,「自石南 向大源寺」.

150 李道樞,『月淵集』권1,「大源菴洞口」. "纔登別界方知寺 已謝囂塵不記村"

151 趙鎬來,『霞峰集』권1,「大源菴 與舍弟泰見瓘來 共賦」.

152 河夾運,『未惺遺稿』권1,「同趙月皐性家·趙橫溝性宅·從姪東寮載文 守歲大源菴」.

153 鄭濟鎔,『溪齋集』권6,「陪溪南鄭丈 遊大源庵 以自是遊人不上來 分韻得人字」.

154 鄭濟鎔,『溪齋集』권6,「庚子夏 陪從崔溪南鄭艾山載圭 避暑大源山中 遠近來會者 數十人 以南岱集中如上東岱萬品皆低 分韻得上字」.

156 河祐植,『澹山集』권1,「奉同崔溪南鄭老栢軒載圭兩丈 避暑大源菴 與諸士友 共賦聯句」.

156 曹秉熹,『晦窩集』권1,「庚子夏 陪鄭艾山先生 入大源寺 因賦長句一篇 奉呈席下 以見區區」.

157 申命耈,『南溪集』권1,「德川八景」.

158 河世應,『知命堂遺集』권상,「次申國叟德川八景韻」.

- **공자**(孔子, B.C.551~B.C.479) : 이름은 구(丘), 자는 중니(仲尼)이다. 유교를 창시한 인물로, 중국 노(魯)나라 사람이다.
- **곽종석**(郭鍾錫, 1846~1919) : 자는 명원(鳴遠), 호는 면우(俛宇), 본관은 현풍이다. 단성 사월리에서 태어나 여러 곳을 옮겨 다니며 살았다. 이진상에게 수학하였다.
- **굴원**(屈原) : 자는 원(原)이고, 이름은 평(平)이다. 중국 전국 시대 초나라 대부로 남방 문학을 대표하는 『초사』를 지었다.
- **권규**(權逵, 1496~1548) : 자는 자유(子由), 호는 안분당(安分堂), 본관은 안동이다. 조식과 교유하였으며, 단계에 살았다.
- **권상직**(權相直, 1868~1950) : 자는 경오(敬五), 호는 경산(敬山), 본관은 안동이다. 권헌기의 아들로, 단성에 살았다.
- **권위**(權煒, 1708~1786) : 자는 상중(象仲), 호는 상계(霜溪), 본관은 안동이다. 단성에 살았다.
- **권상하**(權尙夏, 1641~1721) : 자는 치도(致道), 호는 수암(遂菴), 본관은 안동이다. 송시열의 문인이다.
- **권재규**(權在奎, 1835~1893) : 자는 남거(南擧), 호는 직암(直菴), 본관은 안동이다. 단성에 살았으며, 허전에게 수학하였다.
- **권헌기**(權憲璣, 1835~1893) : 자는 여순(汝舜), 호는 석범(石帆), 본관은 안동이다. 단성 입석리에 살았다.
- **김기용**(金基鎔, 1869~1947) : 자는 경모(敬模), 호는 기헌(幾軒), 본관은 상산이다. 신등 법물리에 살았으며, 곽종석에게 수학하였다.
- **김범**(金範, 1512~1566) : 자는 덕용(德容), 호는 후계(后溪), 본관은 상산(商山)이다.

- **김수항**(金壽恒, 1629~1689) : 자는 구지(久之), 호는 문곡(文谷), 본관은 안동이다. 문과에 급제하여 영의정에 이르렀다.
- **김우옹**(金宇顒, 1540~1603) : 자는 숙부(肅夫), 호는 동강(東岡), 본관은 의성이다. 경북 성주에 살았으며, 조식의 문인이자 외손서이다.
- **김인섭**(金麟燮, 1827~1903) : 자는 성부(聖夫), 호는 단계(端磎), 본관은 상산이다. 신등 법평에 살았으며, 유치명·허전에게 수학하였다.
- **김인후**(金麟厚, 1510~1560) : 자는 후지(厚之), 호는 하서(河西), 본관은 울산이다. 김안국의 문인으로 문과에 급제하여 홍문관 저작 등을 지냈다. 윤원형이 집권하자 고향 장성으로 낙향하였다.
- **김진호**(金鎭祜, 1845~1908) : 자는 치수(致受), 호는 물천(勿川), 본관은 상산이다. 신등 법물리에 살았으며, 허전·이진상 등에게 수학하였다.
- **김창흡**(金昌翕, 1653~1722) : 자는 자익(子益), 호는 삼연(三淵), 본관은 안동이다. 김상헌의 증손자이며, 김창협의 동생이다. 벼슬에 관심을 두지 않고 자연을 벗 삼아 소요하였다.
- **김학수**(金學洙, 1891~1975) : 자는 자헌(子憲), 호는 술암(述菴)이며, 본관은 광산(光山)이다. 단성 가술(可述)에 거주하였으며, 김황 등과 교유하였다.
- **도잠**(陶潛, 365~427) : 자는 연명(淵明), 호는 오류선생(五柳先生)이다. 중국 동진(東晉) 때 인물로「귀거래사(歸去來辭)」등을 지었다.
- **문상해**(文尙海, 1765~1835) : 자는 성용(聖庸), 호는 창해(滄海), 본관은 남평이다. 조식의 제자 문익성(文益成)의 후손으로 진주에 살았다.
- **문진귀**(文鎭龜, 1858~1931) : 자는 우서(禹瑞), 호는 눌암(訥庵), 본관은 남평이다. 합천에 살았으며, 허유·정재규 등과 삼가향교에서 후진을 양성하였다.
- **박경가**(朴慶家, 1779~1841) : 자는 남길(南吉), 호는 학양(鶴陽), 본관은 고령이다. 경북 고령에 살았다. 박정번의 후손으로 정종로에게 수학하였다.
- **박래오**(朴來吾, 1713~1785) : 자는 복초(復初), 호는 니계(尼溪), 본관은 밀양이다. 단성 사월리에 살았다.
- **박정번**(朴廷璠, 1550~1611) : 자는 군신(君信), 호는 학암(鶴巖), 본관은 고령이다. 정인홍의 문인으로 임진왜란 때 의병을 일으켰다.

- **박치복**(朴致馥, 1824~1894) : 자는 훈경(薰卿), 호는 만성(晩醒), 본관은 밀양이다. 함안 출신으로 삼가에 살았다. 유치명·허전에게 수학하였다.

- **박태무**(朴泰茂, 1677~1756) : 자는 춘경(春卿), 호는 서계(西溪), 본관은 태안이다. 박민의 증손으로 진주에 살았다.

- **배대유**(裵大維, 1563~1632) : 자는 자장(子張), 호는 모정(慕亭), 본관은 분성(盆城)이다. 창녕 영산에 살았으며, 정인홍에게 수학하였다.

- **배신**(裵紳, 1520~1573) : 자는 경여(景餘), 호는 낙천(洛川), 본관은 성주이다. 이황과 조식에게 수학하였다.

- **백이**(伯夷) : 중국 주(周)나라 초기 고죽국(孤竹國)의 왕자로 주 무왕(周武王)이 은주(殷紂)를 정벌하러 갈 때 말고삐를 잡고 간언하였으나 받아들여지지 않자, 수양산(首陽山)에 들어가 고사리를 캐 먹다가 죽었다. 맹자는 백이를 '성지청자(聖之淸者)'라 하였다.

- **범려**(范蠡) : 중국 춘추 시대 월왕(越王) 구천(句踐)의 책사로 오(吳)나라를 멸망시켰다. 이후 월나라를 떠나 제(齊)나라로 가서 상업에서 종사하며 '도주공(陶朱公)'이라 하였다.

- **상산사호**(商山四皓) : 중국 진(秦)나라 때 상산에 은거한 동원공(東園公), 하황공(夏黃公), 각리선생(角里先生), 기리계(綺里季)를 가리킨다.

- **석응윤**(釋應允, 1743~1804) : 지리산에 벽송사 등에 주석한 승려로 호는 경암(鏡巖)이다.

- **성수침**(成守琛, 1493~1564) : 자는 중옥(仲玉), 호는 청송(聽松), 본관은 창녕이다. 조광조의 문인이며, 성혼의 부친이다. 벼슬을 사양하고 은거하였다.

- **성여신**(成汝信, 1546~1632) : 자는 공실(公實), 호는 부사(浮査), 본관은 창녕이다. 진주에 살았으며, 조식의 문인이다.

- **성운**(成運, 1497~1579) : 자는 건숙(健叔), 호는 대곡(大谷), 본관은 창녕이다. 보은에 은거하였으며, 조식과 절친하였다.

- **소보**(巢父) : 중국 요임금 때 은사이다. 허유(許由)가 요임금이 천하를 양보하겠다는 말을 듣고 귀를 씻자, 소보는 '더러운 물에 소를 먹일 수 없다'고 하여 상류로 올라가 소에게 물을 먹였다고 한다.

- **소식**(蘇軾, 1037~1101) : 자는 자첨(子瞻), 호는 동파(東坡)이다. 중국 북송 때 사천성 출신으로 당송팔대가의 한 사람이다. 시문과 서화에 모두 능하였다.
- **송병순**(宋秉珣, 1839~1912) : 자는 동옥(東玉), 호는 심석재(心石齋), 본관은 은진이다. 송시열의 9세손이며 송병선의 아우로, 회덕에 살았다.
- **송시열**(宋時烈, 1607~1689) : 자는 영보(英甫), 호는 우암(尤庵), 본관은 은진이다. 김집의 문하에서 수학하였으며, 봉림대군의 사부를 지냈다. 서인의 영수로서 효종 때 북벌을 주장하였다.
- **송호문**(宋鎬文, 1862~1907) : 자는 자삼(子三), 호는 수재(受齋), 본관은 은진이다. 합천 대병에 살았으며, 윤주하에게 배웠다.
- **숙제**(叔齊) : 중국 주나라 무왕 때 고죽국의 왕자로서 형 백이(伯夷)와 함께 수양산에 들어가 은거한 인물이다.
- **신명구**(申命耇, 1666~1742) : 자는 국수(國叟), 호는 남계(南溪), 본관은 평산이다. 경북 칠곡 약목에 살았는데, 한동안 지리산 덕산에 와서 우거하였다. 덕천서원 원장을 지냈다.
- **안덕문**(安德文, 1747~1811) : 자는 장중(章仲), 호는 의암(宜庵), 본관은 탐진이다. 의령에 살았다.
- **안익제**(安益濟, 1850~1909) : 자는 의겸(義謙), 호는 서강(西岡), 본관은 탐진이다. 안덕문(安德文)의 현손으로 의령에 살았다.
- **안주**(安宙, 1500~1569) : 자는 태고(太古), 호는 치암(耻菴), 본관은 광주(廣州)이다.
- **안회**(顔回) : 중국 춘추 시대 노(魯)나라 사람으로 공자의 수제자이다.
- **연기조사**(緣起祖師) : 신라 진흥왕 때의 승려로 지리산 화엄사를 창건하였다. 또한 지리산 대원사의 전신인 평원사(平原寺)를 창건하였다.
- **오건**(吳健, 1521~1574) : 자는 자강(子强), 호는 덕계(德溪), 본관은 함양이다. 산청에 살았으며, 조식의 문인이다. 문과에 급제하여 사헌부 지평 등을 지냈다.
- **왕희지**(王羲之, 321~379) : 자는 일소(逸少)이며, 중국 진(晉)나라 때 서예가로 '서성(書聖)'으로 불렸다.
- **운권대사**(雲卷大師) : 숙종 때의 승려로 지리산 대원암을 중건하였다.

- **유도기**(柳道夔, 1830~?) : 자는 장일(章一), 본관은 풍산이며, 안동에 살았다. 1864년 생원시에 합격하였으며, 천거로 단성현감 등을 지냈다.
- **유치명**(柳致明, 1777~1861) : 자는 성백(誠伯), 호는 정재(定齋), 본관은 전주이다. 이상정의 외증손으로 퇴계학통을 이어받아 당대 종장이 되었다.
- **이관후**(李觀厚, 1869~1949) : 자는 중립(重立), 호는 우재(偶齋), 본관은 벽진이다. 의령에 살았으며, 장복추에게 수학하였다.
- **이담**(李湛, 1510~?) : 자는 중구(仲久), 호는 정존(靜存), 본관은 용인이다. 이황에게 수학하였다.
- **이도복**(李道復, 1862~1938) : 자는 양래(陽來), 호는 후산(厚山), 본관은 성주이다. 단성에 살았으며, 송병선에게 배웠다.
- **이도추**(李道樞, 1847~1921) : 자는 경유(擎維), 호는 월연(月淵), 본관은 성주이다. 단성 남사마을에 살았으며, 허전에게 수학하였다.
- **이동백**(李東白, 1699~?) : 자는 춘백(春伯), 본관은 원주이다.
- **이수안**(李壽安, 1859~1929) : 호는 매당(梅堂), 본관은 재령이다.
- **이야순**(李野淳, 1755~1831) : 자는 건지(健之), 호는 광뢰(廣瀨), 본관은 진성이다. 이황의 후손으로 이상정 등에게 수학하였으며, 당대 안동 지역에서 중망을 받았다.
- **이언적**(李彦迪, 1491~1553) : 자는 복고(復古), 호는 회재(晦齋), 본관은 여강이다. 문과에 급제하여 좌찬성에 이르렀다. 1547년 양재역 벽서사건에 연루되어 강계로 유배되었다가 별세하였다.
- **이우빈**(李佑贇, 1792~1855) : 자는 우이(禹爾), 호는 월포(月浦), 본관은 성주이다. 진주에 살았으며, 족조 이지용(李志容)에게 수학하였다.
- **이윤**(伊尹) : 중국 상(商)나라 초기의 현신으로, 탕(湯)임금을 도와 태평 시대를 열었다.
- **이이**(李珥, 1536~1584) : 자는 숙헌(叔獻), 호는 율곡(栗谷), 본관은 덕수이다. 문과에 급제하여 이조판서 등을 지냈다.
- **이이순**(李頤淳, 1754~1832) : 자는 치양(穉養), 호는 후계(後溪), 본관은 진성이다. 이황의 9세손으로 은진현감 등을 지냈다.

- **이익운**(李益運, 1748~1817) : 자는 계수(季受), 호는 학록(鶴麓), 본관은 연안이다. 체제공의 문인으로 문과에 급제하여 예조판서에 이르렀다. 덕천서원 앞 취성정을 중수한 뒤 「풍영정기(風詠亭記)」를 지었다.
- **이익회**(李翊會, 1767~1843) : 자는 좌보(左甫), 호는 고동(古東), 본관은 전의이다. 1811년 문과에 급제하여 대사헌 등을 지냈다. 산천재의 해서체 현판 글씨를 썼다.
- **이제신**(李濟臣, 1510~1582) : 자는 언우(彦遇), 호는 도구(陶丘), 본관은 고성이다. 조식의 문인으로, 도구대 근처에 살았다.
- **이중경**(李重慶, 1517~1568) : 자는 숙희(叔喜), 본관은 광주(廣州)이다. 문과에 급제하여 부제학 등을 지냈다.
- **이지용**(李志容, 1753~1831) : 자는 자옥(子玉), 호는 남고(南皐), 본관은 성주이다. 단성에 살았으며, 이갑룡에게 배웠다.
- **이진상**(李震相, 1818~1886) : 자는 여뢰(汝雷), 호는 한주(寒洲), 본관은 성주이다. 경북 성주에 살았으며, 이원조·유치명에게 수학하였다.
- **이현덕**(李鉉德, 1887~1964) : 자는 경숙(敬叔), 호는 정산(晶山), 본관은 재령이다. 이수안의 아들로 곽종석에게 수학하였다.
- **이황**(李滉, 1501~1570) : 자는 경호(景浩), 호는 퇴계(退溪), 본관은 진성이다. 문과에 급제하여 성균관 대사성 등을 지냈다.
- **임훈**(林薰, 1500~1584) : 자는 중성(仲成), 호는 갈천(葛川), 본관은 은진이다. 안의에 살았으며, 조식과 교유하였다.
- **장량**(張良) : 한 고조(漢高祖, 劉邦)를 도와 천하를 통일하는 데 공을 세워 유후(留侯)에 봉해졌다.
- **장석신**(張錫藎, 1841~1923) : 자는 순명(舜鳴), 호는 과재(果齋), 본관은 인동이다. 경북 칠곡에 살았으며, 장복추에게 수학하였다.
- **정구**(鄭逑, 1543~1620) : 자는 도가(道可), 호는 한강(寒岡), 본관은 청주이다. 조식과 이황의 문하에서 수학하였다.
- **정식**(鄭栻, 1683~1746) : 자는 경보(敬甫), 호는 명암(明庵), 본관은 해주이다. 진주에 살았으며, 만년에 덕산 구곡산 자락에 은거하며 무이구곡을 경영하였다.

- **정이**(程頤, 1033~1107) : 자는 정숙(正叔), 호는 이천(伊川)이다. 정호(程顥)의 동생으로 주돈이에게 배웠다. 정호와 함께 이학(理學)을 주로 하여 신유학 사상을 정립하는 데 크게 기여했다. 북송 오군자의 한 사람이다.

- **정재규**(鄭載圭, 1843~1911) : 자는 후윤(厚允), 호는 노백헌(老栢軒), 본관은 초계이다. 합천 쌍백 묵동에 살았다. 기정진에게 수학하였다.

- **정제용**(鄭濟鎔, 1865~1907) : 자는 형로(亨櫓), 호는 계재(溪齋), 본관은 연일이다. 진주에 살았으며, 곽종석에게 수학하였다.

- **정종로**(鄭宗魯, 1738~1816) : 자는 사앙(士仰), 호는 입재(立齋), 본관은 진주이다. 정경세의 6대손으로 이상정에게 배웠으며, 경북 상주에 살았다.

- **정종화**(鄭鍾和, 1881~1938) : 자는 사강(士剛), 호는 희재(希齋), 본관은 진주이다. 진주 반곡리에 살았으며, 하겸진에게 수학하였다.

- **정호**(程顥, 1032~1085) : 자는 백순(伯淳), 호는 명도(明道)이다. 주돈이에게 수학하였으며, 북송 오군자의 한 사람으로 신유학 사상을 정립하는 데 기여하였다.

- **조병철**(曺秉哲, ?~?) : 조식의 11세손으로, 산천재를 중건한 뒤 주련(柱聯)으로 걸린 「덕산복거(德山卜居)」를 쓴 인물이다.

- **조병희**(曺秉熹, 1880~1925) : 자는 회중(晦仲), 호는 회와(晦窩), 본관은 창녕이다. 진주 원당에 살았으며, 곽종석·하겸진에게 수학하였다.

- **조성가**(趙性家, 1824~1904) : 자는 직교(直敎), 호는 월고(月皐), 본관은 함안이다. 옥종에 살았으며, 기정진에게 수학하였다.

- **조성주**(趙性宙, 1821~1919) : 자는 계호(季豪), 호는 월산(月山), 본관은 함안이다. 조성가의 형으로 옥종에 살았다.

- **조식**(曺植, 1501~1572) : 자는 건중(楗仲), 호는 남명(南冥), 본관은 창녕이다. 어려서 부친을 따라 한양으로 올라가 성장하였으며, 25세 때 과거를 포기하고 안회(顔回)의 길을 가기로 결심하였다. 30세부터 15년 동안 처가가 있는 김해 산해정(山海亭)에서 학문에 침잠하였고, 45세부터 61세까지는 고향 삼가 뇌룡정(雷龍亭)에서 학문과 강학에 전념하였고, 61세 때 천왕봉이 보이는 덕산(德山) 산천재(山天齋)로 이주하여 그곳에서 생을 마쳤다. 사화기에 출처의 대절을 보였으며, 심성수양하여 도덕성을 제고하는 실천적인 학풍을 수립하였다.

저술로 『남명집』과 『학기류편』이 있다.

- **조용완**(曹龍玩, ?~?) : 조식의 후손으로 19세기 초 취성정을 중건하여 풍영정을 세웠다.
- **조욱**(趙昱, 1498~1557) : 자는 경양(景陽), 호는 용문(龍門), 본관은 평양이다. 조광조와 김식에게 배웠으며, 양평 용문산에 은거하였다.
- **조원순**(曺垣淳, 1850~1903) : 자는 형칠(衡七), 호는 복암(復菴), 본관은 창녕이다. 조식의 후손으로 이진상·허전에게 배웠다.
- **조윤형**(曺允亨, 1725~1799) : 자는 치행(穉行), 호는 송하옹(松下翁), 본관은 창녕이다. 학행으로 벼슬길에 나아가 지돈녕부사를 지냈다. 산천재의 현판 전서(篆書)의 글씨를 썼다.
- **조호래**(趙鎬來, 1854~1920) : 자는 태긍(泰兢), 호는 하봉(霞峯), 본관은 함안이다. 조종도의 후손으로 진주에 살았으며, 허전에게 수학하였다.
- **주돈이**(周敦頤, 1017~1073) : 자는 무숙(茂叔), 호는 염계(濂溪)이다. 북송 오군자의 한 사람으로 신유학 사상을 정립하는 공헌하였다.
- **주희**(朱熹, 1130~1200) : 자는 원회(元晦), 호는 회암(晦庵)이다. 중국 남송 때 성리학을 집대성하여 신유학 사상을 완성하였다.
- **증삼**(曾參) : 중국 춘추 시대 노나라 사람으로, 공자의 도통을 계승하였다.
- **증점**(曾點) : 중국 춘추 시대 노나라 사람으로 공자의 문인이며 증삼(曾參)의 아버지이다. 다른 사람들이 정치권에 나아가 뜻을 펴려고 했던 것과는 달리 자연에 은거하여 성명을 온전히 하는 삶을 지향하여 공자로부터 인정을 받았다.
- **진보**(陳普, 1244~1315) : 자는 상덕(尙德), 호는 석당(石堂)이다. 주희의 재전제자이다.
- **최동익**(崔東翼, 1868~1912) : 자는 여경(汝敬), 호는 청계(晴溪), 본관은 전주이다. 고성에 살았으며, 장복추 등에게 수학하였다.
- **최숙민**(崔琡民, 1837~1905) : 자는 원칙(元則), 호는 계남(溪南), 본관은 전주이다. 단성 등지에 살았으며, 기정진의 문하에서 수학하였다.
- **최영경**(崔永慶, 1529~1590) : 자는 효원(孝元), 호는 수우당(守愚堂), 본관은 화순이다. 조식의 문인으로 기축옥사 때 억울하게 죽임을 당하였다. 진주에 살았다.

- **최운우**(崔雲遇, 1532~1605) : 자는 시중(時仲), 호는 향호(香湖), 본관은 강릉이다. 사마시에 합격하였으며, 천거로 벼슬길에 나아가 횡성현감 등을 지냈다.
- **하겸락**(河兼洛, 1825~1904) : 자는 우석(禹碩), 호는 사헌(思軒), 본관은 진양이다. 단성 남사마을에 살았으며, 이우빈(李佑贇)에게 수학하였다.
- **하경칠**(河慶七, 1825~1898) : 자는 성서(聖瑞), 호는 농은(農隱), 본관은 진양이다. 조식의 문인 하항(河恒)의 후손으로 진주 수곡에 살았다.
- **하계락**(河啓洛, 1868~1933) : 자는 도약(道若), 호는 옥봉(玉峯), 본관은 진양이다. 진주 수곡에 살았으며, 곽종석에게 수학하였다.
- **하덕망**(河德望, 1664~1743) : 자는 첨경(瞻卿), 호는 양정재(養正齋), 본관은 진양이다. 하철(河澈)의 아들이며, 진주 수곡에 살았다.
- **하범운**(河範運, 1792~1858) : 자는 희여(熙汝), 호는 죽오(竹塢), 본관은 진양이다. 하진(河溍)의 후손으로 진주 성태리에 살았다. 유심춘(柳尋春)에게 수학하였다. 「덕산구곡시」를 처음 지었다.
- **하세응**(河世應, 1671~1727) : 자는 여제(汝濟), 호는 지명당(知命堂), 본관은 진양이다. 하수일(河受一)의 후손으로 진주 수곡에 살았다. 이만부(李萬敷)를 종유하였다.
- **하우**(河寓, 1872~1963) : 자는 광숙(廣叔), 호는 잠재(潛齋), 본관은 진양이다. 진주 수곡에 살았으며, 곽종석에게 수학하였다.
- **하우식**(河祐植, 1875~1943) : 자는 성락(聖洛), 호는 담산(澹山), 본관은 진양이다. 하징(河憕)의 후손으로 진주 단목에 살았다. 최익현·전우(田愚) 등에게 수학하였다.
- **하익범**(河益範, 1767~1813) : 자는 서중(敍中), 호는 사농와(士農窩), 본관은 진양이다. 진주 단목에 살았으며, 송환기(宋煥箕)에게 수학하였다.
- **하재문**(河載文, 1830~1894) : 자는 희윤(羲允), 호는 동료(東寮), 본관은 진양이다. 진주 수곡에 살았으며, 하달홍(河達弘)에게 수학하였다.
- **하진**(河溍, 1597~1658) : 자는 진백(晉伯), 호는 태계(台溪), 본관은 진양이다. 진주에 살았으며, 성여신의 문인이다.
- **하진달**(河鎭達, 1778~1835) : 자는 영서(英瑞), 호는 역헌(櫟軒), 본관은 진양

이다. 하징의 후손으로 진주 단목에 살았다. 하진태에게 배웠다.

- **하진현**(河晉賢, 1776~1846) : 자는 사중(師仲), 호는 용와(容窩), 본관은 진양이다. 진주 수곡에 살았으며, 이갑룡(李甲龍)에게 수학하였다.
- **하항**(河沆, 1538~1590) : 자는 호원(浩源), 호는 각재(覺齋), 본관은 진양이다. 진주 수곡에 살았으며, 조식에게 수학하였다.
- **하협운**(河夾運, 1823~1906) : 자는 한서(漢瑞), 호는 미성(未惺), 본관은 진양이다. 진주 수곡에 살았다.
- **하홍도**(河弘度, 1593~1666) : 자는 중원(重遠), 호는 겸재(謙齋), 본관은 진양이다. 옥종 안계마을에 살았으며, 하수일에게 수학하였다.
- **한유한**(韓惟漢, ?~?) : 고려 무신 집권기에 난을 피해 지리산에 은거한 인물이다.
- **허유**(許由) : 중국 고대의 은자로, 요임금이 천하를 물려주겠다고 하자 더러운 말을 들었다고 여겨 귀를 씻었다.
- **허전**(許傳, 1797~1886) : 자는 이로(以老), 호는 성재(性齋), 본관은 양천이다. 성호학통을 이은 황덕길(黃德吉)에게 수학하였으며, 문과에 급제하여 김해부사 등을 지냈다.
- **홍인우**(洪仁祐, 1515~1554) : 자는 응길(應吉), 호는 치재(恥齋), 본관은 남양이다. 서경덕과 이황에게 배웠다.
- **황정견**(黃庭堅, 1045~1105) : 자는 노직(魯直), 호는 산곡(山谷)이다. 소식의 문인으로 강서시파의 종장이다. 주돈이의 인품을 광풍제월(光風霽月)로 표현하여 추앙하였다.